서울 너머의 나라

다핵순환국가
대한민국을 위한
30가지 전략

서울 너머의 나라

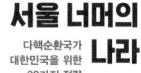

다핵순환국가 대한민국을 위한 30가지 전략

초판 1쇄 발행 2025. 8. 11.

지은이 노현수
펴낸이 김병호
펴낸곳 주식회사 바른북스

책임편집 주식회사 바른북스 편집부

등록 2019년 4월 3일 제2019-000040호
주소 서울시 성동구 연무장5길 9-16, 301호 (성수동2가, 블루스톤타워)
대표전화 070-7857-9719 | **경영지원** 02-3409-9719 | **팩스** 070-7610-9820

•바른북스는 여러분의 다양한 아이디어와 원고 투고를 설레는 마음으로 기다리고 있습니다.

이메일 barunbooks21@naver.com | **원고투고** barunbooks21@naver.com
홈페이지 www.barunbooks.com | **공식 블로그** blog.naver.com/barunbooks7
공식 포스트 post.naver.com/barunbooks7 | **페이스북** facebook.com/barunbooks7

ⓒ 노현수, 2025
ISBN 979-11-7263-528-2 93340

•파본이나 잘못된 책은 구입하신 곳에서 교환해드립니다.
•이 책은 저작권법에 따라 보호를 받는 저작물이므로 무단전재 및 복제를 금지하며,
이 책 내용의 전부 및 일부를 이용하려면 반드시 저작권자와 도서출판 바른북스의 서면동의를 받아야 합니다.

대한민국 도시혁신 전략서
— 초광역 통합, 기능 분권, 다핵순환국가로의 길

제 1 장 지역인재는 균형 발전의 사다리인가
1. 지역인재 제도란 무엇인가 ──────────── 19
2. 제도의 철학적 뿌리 : 노무현 대통령의 문제의식 ─── 20
3. 지역인재 제도가 남긴 성과들 ──────────── 21
4. 철학과 정책의 연결고리 ────────────── 22
5. 제도의 한계와 현실적 과제 ─────────── 23
6. 결론 : 지역인재는 단순한 제도가 아니다 ──────── 24

제 2 장 서울이 아니어도, 법조인이 될 수 있어야 한다
1. 법조계의 수도권 편중은 우연이 아니다 ─────── 25
2. 로스쿨 지역인재 제도의 등장 ──────────── 26
3. 제도의 구체적 설계 ────────────── 27
4. 정책 구성 요소 ──────────────── 27
5. 기대 효과와 전략적 가치 ────────────── 29
6. 제도의 한계와 보완 과제 ────────────── 29
7. 결론 : 법조 정의의 시작은 기회의 정의에서부터 ─────── 30

제 3 장 평등은 기다려 오지 않는다

1. 왜 여성할당제를 말해야 하는가 ─────────────── 31
2. 한국 여성할당제의 제도적 진화 ─────────────── 32
3. 여성할당제를 둘러싼 다섯 가지 논거 ────────────── 33
4. 제도적 개입의 모범 사례 : 독일의 여성할당제 ─────────── 34
5. 효과와 반론, 그리고 사회의 변화 ───────────────── 35
6. 국제 비교 속에서 본 한국의 현실 ─────────────── 36
7. 결론 : 할당은 특혜가 아니라 균형을 위한 도구다 ─────────── 36

제 4 장 정치는 더 이상 남성만의 일이 아니다

1. 법으로 만들어야 바뀐다 ─────────────────── 39
2. 「성평등 정치참여 보장법」의 핵심 취지 ──────────── 40
3. 여성장관 30% 할당 : 상징 이상의 구조 개편 ─────────── 40
4. 정당 공천 30% 의무화 : 변화는 공천에서 시작된다 ───────── 41
5. 실현을 위한 정책 지원과 감시 장치 ───────────── 42
6. 위반 시의 제재 : 실효성 확보의 열쇠 ──────────── 43
7. 정치 다양성은 민주주의의 경쟁력이다 ─────────── 43
8. 결론 : 여성의 자리는 양보가 아니라 구조다 ───────── 44
   ○ 「성평등 정치참여 보장법」 제정안(초안) ─────────── 45

제 5 장 수도는 서울이어야만 하는가

1. 수도는 국가 전략의 정수다 ──────────── 49
2. 안보 : 한반도에서 가장 위험한 곳에 권력이 있다 ──── 50
3. 통일 : 평양·서울·세종의 삼두 체제 설계 ───────── 50
4. 분권 : 서울공화국에서 전국공화국으로 ───────── 51
5. 교통 : 전국토 1시간 수도 생활권 ──────────── 52
6. 부동산 : 집값 폭등과 지방 공동화의 동시 해결 ───── 53
7. 결론 : 세종은 행정수도가 아니다, 국가 전략 그 자체다 ── 54

제 6 장 세종은 철도로 완성된다

1. 수도의 핵심은 연결이다 ───────────────── 55
2. 세종권 광역철도망이란 무엇인가 ──────────── 56
3. 연결되는 역들, 바뀌는 기능들 ──────────── 56
4. 어떻게 구축되고 있는가 ───────────────── 57
5. 철도는 왜 중요한가 : 사회적 파급효과 ───────── 58
6. 국가 전략과의 연계성 ────────────────── 59
7. 결론 : 세종은 철도로 연결될 때, 진짜 수도가 된다 ───── 60

제7장 40분이면 도달하는 나라

1. 국토를 줄이자는 말이 아니다 — 61
2. 청주공항 : 제2인천공항은 가능하다 — 62
3. 아산만~당진항 : 철도로 연결되는 산업허리 — 63
4. 40분 압축국토의 완성 시나리오 — 63
5. 전략적 의미 : 단순한 연결이 아니다 — 64
6. 결론 : '멀다'는 말이 사라지는 나라 — 65

제8장 세종, 제2의 강남이 될 수 있을까

1. 강남은 어떻게 만들어졌는가 — 67
2. 쇼핑의 수도 : 스타필드, 더현대를 품다 — 68
3. 교육의 중심 : '세종 대치동'을 만들다 — 68
4. 정치도시에서 소비도시로 : 세종의 이중 구조 전략 — 69
5. 정주 클러스터 : 주거·교통·교육·상업의 통합 모델 — 70
6. 강남 vs 세종 : 잠재력의 비교 — 71
7. 결론 : 강남의 공식을 다시 쓰는 도시 — 71

제9장 행정도시를 넘어 테크도시로

1. 수도는 권력만이 아니라 기술도 가져야 한다 —————— 73
2. 왜 청년창업인가? —————————————————— 74
3. 세종 테크밸리 전략의 3대 축 ——————————————— 74
4. 국내 사례와의 비교 : 판교 vs 세종 ——————————— 75
5. 글로벌 사례와 연계 가능성 ——————————————— 76
6. 정책적 실행방안 ————————————————————— 76
7. 결론 : 세종은 '일하는 도시'에서 '만드는 도시'가 되어야 한다 – 77

제10장 법과 기술, 그리고 지방의 미래

1. 로스쿨은 이제 서울에만 있지 않아야 한다 ———————— 79
2. 왜 하필 노무현대학교인가? —————————————— 80
3. 행정도시 세종 + 법률수도 노무현대 = 지식수도의 탄생 ——— 81
4. 청년 테크노밸리와 융합되는 법률 교육 —————————— 81
5. 사법시험 부활과 지역고시 트랙의 복원 ——————————— 82
6. 청년정책, 지역균형, 사법개혁이 동시에 실현되는 모델 ——— 83
7. 실현 전략 ———————————————————————— 83
8. 결론 : 정의는 설계될 수 있다 ——————————————— 84

제11장 국방은 수도권에 머물러선 안 된다

1. 국방을 과학으로, 안보를 기술로 —————————— 85
2. 전략 구상 : 충청 국방과학 클러스터 ——————— 86
3. 오송 : 철도와 군사교육의 결합 ————————— 86
4. 계룡 : 국방부와 합참의 이원 지휘체계 완성 ———— 87
5. 청주 : 하늘에서의 전력이 시작되는 곳 —————— 87
6. 대전 : 산업이 군을 만든다 ——————————— 88
7. KAIST와 ADD : 전장 위의 과학 실험실 ————— 89
8. 기대 효과 : 국방도 균형발전이다 ———————— 89
9. 결론 : 충청이 곧 국방이요, 국방이 곧 미래산업이다 — 90

제12장 오송은 단순한 철도역이 아니다

1. 국토 중심에서 국가 전략을 설계하다 ——————— 91
2. 오송역 : 국방·교육 인프라의 최적 입지 —————— 92
3. 충북-충남의 지리적 중간자이자 교차축 —————— 93
4. 철도 + 방산 + 과학 = 대전의 진화 ———————— 94
5. KAIST + 오송 + 군사교육의 삼각 구조 —————— 94
6. 결론 : 오송은 교통이 아니라 전략이다 —————— 95

8 서울 너머의 나라

제13장 무기를 파는 나라

1. 방위산업은 더 이상 비용이 아니다 ——————— 97
2. 무기 수출은 산업이자 외교다 ——————————— 98
3. K-Defense Economy란 무엇인가? ——————— 98
4. 왜 충청권이 중심이 되어야 하는가? ——————— 99
5. 수출형 방위산업의 세 가지 조건 ———————— 100
6. 국제 파트너십 모델 구상 ————————————— 100
7. 방산이 지역을 바꾼다 —————————————— 101
8. 결론 : 무기는 국익의 수단이자 지역의 성장엔진이다 ——— 102

제14장 광주, 기술·소비·문화로 다시 태어나다

1. 지역도시는 수도권과 경쟁할 수 있는가? ————— 103
2. 기술의 축 : 평동 AI 데이터센터 ————————— 104
3. 소비의 축 : 하남 코스트코 유치 ————————— 105
4. 문화의 축 : 더현대 김대중점 유치 ———————— 106
5. 세 축의 결합 : 하나의 도시 전략 ————————— 107
6. 교통과 공간 전략 ———————————————— 107
7. 결론 : 광주, 수도권을 넘는 도시 플랫폼으로 ——— 108

제15장 냉기의 도시, 열기의 도시

    1. 수도권이 아닌 곳에서 기술을 키운다는 것 ─────── 109

    2. 서남권 AI 복합도시 구상 : 데이터로 시작되는 도시의 구조 ─ 110

    3. 입지 타당성 : 물과 냉기, 그리고 확장성 ─────────── 110

    4. 교육과 산업을 잇는 구조 : 계약학과 시스템 ────────── 111

    5. 기업에 실질적 유인을 주는 재정전략 ───────────── 112

    6. 광역교통망 설계 : 데이터와 사람이 흐르는 인프라 ─────── 113

    7. 기대 효과 : 서남권 산업지형 재편 ───────────── 114

    8. 결론 : 차가운 데이터와 뜨거운 에너지, 그리고 사람 ──────── 114

제16장 철도는 산업을 잇고, 사람을 정착시킨다

    1. 혁신은 도시 하나로는 불가능하다 ───────────── 115

    2. 전략 개요 : 철도로 하나가 되는 두 도시 ──────────── 116

    3. 3단계 구축계획의 의미 ──────────────────── 116

    4. 철도＋전력＋데이터 통합 모델 : 에너지 레일 전략 ──────── 118

    5. 정책 기반과 완벽한 연계성 ─────────────── 118

    6. 기대 효과 : 도시를 하나로, 산업을 하나로 ──────────── 119

    7. 결론 : 철도는 도시가 아닌 도시 사이를 만든다 ─────────── 120

제17장 전기가 흐르면 도시가 움직인다

1. 전기는 만들어야 한다. 그리고 흘러야 한다 —————— 121
2. 해남 : 바람과 파도와 태양이 만나는 곳 —————— 122
3. 보성 : 전력을 모으고 나누는 에너지 허브 —————— 123
4. 나주 : 에너지를 기술로 바꾸는 도시 —————— 124
5. 교통·전력 동시 연결 : 회로를 현실로 —————— 124
6. 기대 효과 요약 —————— 125
7. 결론 : 에너지는 흐를수록 도시를 만든다 —————— 126

제18장 서남권을 하나의 인공지능 도시로

1. 인공지능 산업은 단일 도시에 갇힐 수 없다 —————— 127
2. 벨트의 구조 : 6도시, 3기능, 1망 —————— 128
3. 각 도시별 전략 구상 —————— 128
4. 연결의 전략 : AI 벨트는 '망'으로 움직인다 —————— 130
5. 기대효과 : 수도권 외 최초의 'AI 도시권' 출현 —————— 131
6. 결론 : AI는 서울이 아니라, 광역지대에서 태어난다 —————— 131

제19장 연결이 완성될 때, 벨트는 작동한다

    1. AI 벨트는 물리적 연결 없이는 작동하지 않는다 ──────── 133

    2. 기본 구상 : 3대 축＋2개 순환망 ─────────────── 134

    3. 주요 연결축별 전략 ───────────────────── 134

    4. 교통망＋산업망 연계 모델 ─────────────────── 135

    5. 정책 제안 : "서남권 AI-에너지 교통특구 지정" ─────── 136

    6. 결론 : 벨트는 연결될 때 진짜 도시가 된다 ─────────── 136

제20장 전략은 법 위에서 작동한다

    1. 기술과 산업은 제도 없이는 자라지 않는다 ──────────── 139

    2. 제도화 1단계 : 「광역 R 산업특구법」 개정 ─────────── 140

    3. 도화 2단계 : 공동 협약 기반의 '초광역 실행 플랫폼' ────── 140

    4. 제도화 3단계 : 재정 투입 체계와 민간 연계 ──────────── 141

    5. 특례제도 설계 : 법 위에 서는·지역 실험장 ───────────── 142

    6. 결론 : 전략이 오래 가려면 제도가 먼저 가야 한다 ────────── 142

제21장 여섯 도시, 하나의 두뇌

1. 지역이 연합해야 미래를 만든다 ──────────── 145
2. 권역형 통합 플랫폼 모델 : 공동 두뇌를 설계하라 ──── 146
3. 실행 기능별 운영 유닛 제안 ──────────── 147
4. 거버넌스의 성공 조건 ────────────── 147
5. 실행 시나리오 : 단계적 조성 로드맵 ──────── 148
6. 기대 효과 : 연결된 도시들이 공유한 미래 ────── 149
7. 결론 : 여섯 도시의 이름으로 한 전략이 완성된다 ─── 149

제22장 이제는 수출이다

1. 내수 중심 도시 전략은 한계에 이르렀다 ────── 151
2. 수출 1 : 광주 AI 기술 모델 수출 ────────── 152
3. 수출 2 : 나주형 에너지 모델 수출 ────────── 153
4. 수출 3 : 익산-보성-전주의 식품·문화 산업 수출 ─── 154
5. 수출을 위한 거버넌스와 투자 전략 ──────── 155
6. 실행 시나리오 : 수출형 클러스터 단계별 모델 ──── 155
7. 결론 : 지방이 수출의 주체가 되는 날 ──────── 156

제23장 연결되는 도시, 가치가 오르는 도시

1. 서울이 아니면 중심이 될 수 없다는 편견 ——————— 157
2. 메가벨트의 뼈대 : 광주-세종 고속축 구축 ——————— 158
3. 광주의 부동산은 연결만큼 오른다 ——————— 158
4. 고급 인구를 유입시켜야 한다 ——————— 159
5. 광주의 핵심 권역별 주택 전략 ——————— 160
6. 예상되는 도시 변화 ——————— 160
7. 결론 : 서울이 아니어도 집값은 오른다 ——————— 161

제24장 함께 배우고, 함께 사는 도시

1. 도시가 연결되면, 교육과 삶도 함께 연결된다 ——————— 163
2. 초광역 공동혁신교육지구 : 세 도시, 하나의 교육권 ——————— 164
3. 공공주택과 혁신교육지구의 연계 ——————— 165
4. 고등교육 및 직업훈련의 광역화 ——————— 165
5. 문화·복지·삶터가 순환되는 구조 ——————— 166
6. 기대 효과 ——————— 167
7. 결론 : 도시는 함께 배울 때 진짜 연결된다 ——————— 167

제25장 동과 서가 어깨를 나란히 할 때

1. 통합의 키워드는 선언이 아니라 연결이다 —————— 169
2. 1단계 : 여수·광양·순천의 산업-생활-교육 연결 —————— 170
3. 2단계 : 광양-진주-사천의 첨단산업·항공·대학 연계 —————— 171
4. 핵심 교통 해법 : 사천공항 중심 항공접속구조 —————— 171
5. 통합의 기대효과 —————— 172
6. 결론 : 하나의 도시가 아니라, 연결된 도시다 —————— 173

제26장 이제는 남부 전체가 하나의 도시다

1. 서울 중심 국가의 끝, 다핵 순환국가의 시작 —————— 175
2. 순환축 개요 : 메가벨트의 삼각형 구조 —————— 176
3. 핵심 연결 고리 : 도시 간 동맥 교통망 —————— 176
4. 산업기능 순환 구조 —————— 177
5. 주거-정주-교육의 통합 생태계 —————— 177
6. 외교·무역·글로벌 협력까지 연결 —————— 178
7. 결론 : 대한민국은 순환국가가 되어야 한다 —————— 178

제27장 새만금이 날고, 석문이 받친다

    1. 서해안 산업권, 이제는 연결되어야 한다 ———————— 179

    2. 전략 축 개요 ———————————————————— 180

    3. 서해안 산업벨트의 양대 핵심 ——————————— 180

    4. 인프라 연결 핵심 : 항만 + 철도 이중망 구축 ————— 181

    5. 산업 시너지 구조 ————————————————— 182

    6. 탄소중립 수출망의 기반 —————————————— 182

    7. 결론 : 새만금이 날고, 석문이 받친다 ———————— 183

제28장 서해는 흐른다, 그리고 도시를 만든다

    1. 서해의 산업은 선형이 아닌 순환이다 ———————— 185

    2. 지역별 기능 요약 ————————————————— 186

    3. 교통 연결 전략 : 순환형 산업철도 + 도심 연결망 ——— 186

    4. 산업·에너지·관광의 복합 순환 구조 ————————— 187

    5. 전략적 정책 과제 ————————————————— 187

    6. 기대 효과 ———————————————————— 188

    7. 결론 : "서해가 흐르면, 도시는 살아난다" ——————— 188

제29장 지방도 헌법을 가질 권리가 있다

1. 더 이상 '지방행정'으로는 해결되지 않는다 —————— 189
2. 충남·전북 초광역 경제자치권 선언 —————————— 190
3. 헌법 개정 방향 : "초광역 자치단체"의 헌법 지위 명시 —— 191
4. 법률 제정 :「서해 초광역경제권 특별법」——————— 192
5. 실현 로드맵 제안 ————————————————— 192
6. 정치·행정적 의미 ————————————————— 193
7. 결론 : 연결된 도시, 연결된 권리 ——————————— 193

제30장 서울 너머의 나라

1. 대한민국은 더 이상 '서울 공화국'이 아니다 —————— 195
2. 새로운 국가 구조 : 다핵 순환형 도시국가 ——————— 196
3. 정책은 공간에서 실현된다 ————————————— 196
4. 국민에게 제안한다 : 도시 전략 헌장 —————————— 197
5. 앞으로의 길 ——————————————————— 198
6. 결론 : 수도는 장소가 아니라 구조다 —————————— 198

참고문헌 ——————————————————————— 199

CHAPTER 01

지역인재는 균형 발전의 사다리인가

1. 지역인재 제도란 무엇인가

대한민국의 공직사회와 공공기관은 오랜 기간 수도권 중심 구조를 기반으로 작동해왔다. 이 구조는 일견 중립적인 '능력주의'를 표방하지만, 실제로는 교육 기회의 불균형, 정보 접근성의 격차, 지역 간 문화자본의 비대칭 등을 통해 수도권 출신에게 유리한 기회를 암묵적으로 보장해왔다. 이러한 구조적 불평등을 교정하기 위한 정책적 장치가 바로 '지역인재 채용제도'이다.

지역인재 제도는 2005년부터 인사혁신처 주도로 시작된 공직 균형 인사제도다. 처음에는 6급 공무원 인턴 채용부터 시작했으며, 이후

7급(2010년), 9급(2012년)까지 확대되었다. 이 제도는 일정 기준을 충족하는 지방대학 출신을 별도 트랙을 통해 추천·선발하도록 함으로써 지역 거점대학 출신의 공직 진입장벽을 낮추는 것이 핵심이다.

유사하게 운영되는 제도로는 '지방인재 채용목표제'가 있다. 2007년 5급 공채에 처음 도입되어, 2015년부터는 7급 공개채용에도 적용되었다. 이 제도는 일정 선발인원이 있는 시험에서 지방인재 비율이 미달할 경우, 정원을 초과하여 추가 합격시키는 방식이다.

다만 '지역인재'는 서울을 포함한 전국의 지역 출신을 뜻하고, '지방인재'는 서울을 제외한 지역만을 포함한다는 점에서, 명확한 개념 구분이 필요하다.

2. 제도의 철학적 뿌리 : 노무현 대통령의 문제의식

지역인재 제도는 단순한 고용 정책이 아니다. 그것은 대한민국의 구조를 바꾸려 했던 하나의 시대정신의 산물이었다. 그리고 그 중심에는 노무현 대통령이 있었다.

노무현은 재임 시절 내내 '지방분권'과 '지역균형발전'을 핵심 국정과제로 삼았다. 특히 다음의 발언은 지역인재 제도가 단지 채용비율 조정이 아니라, '기회의 정치학'이라는 더 큰 틀에서 이해되어야 함을 보여준다.

"강남에서 태어나지 않아도, 서울에서 학교를 다니지 않아도, 실력만 있으면 기회를 잡을 수 있어야 한다." – 노무현

그에게 있어 지역인재 제도는 계층 상승의 사다리를 다시 세우는 장치였다. 서울, 강남, SKY로 이어지는 구조화된 진입장벽은 단지 한 개인의 문제가 아니라, 국가 전체의 지속 가능성을 위협하는 구조적 장애물이라고 그는 판단했다.

이에 따라 그는 행정중심복합도시(세종시) 건설을 추진했고, 공공기관의 지방 이전을 단행했으며, 지역인재 법제화를 밀어붙였다. 수도권 일극 체제를 그는 '병든 구조'라 명명했고, 지방에 양질의 일자리를 배치하는 것이 국가의 건강성을 회복하는 첫걸음이라 보았다.

3. 지역인재 제도가 남긴 성과들

제도가 20년 가까이 이어져오며 수많은 변화와 개편이 있었지만, 구조적으로 다음과 같은 효과는 분명히 존재한다.

- 지방대학 출신의 공직 진출 기회 확대 : 매년 150~200명 내외의 인원이 별도 지역인재 트랙으로 국가직 공무원으로 선발되고 있다.
- 지역 청년에게 공정한 경쟁 기회 부여 : 수도권 거주·교육 경험 없이도 공공기관 취업 문을 열 수 있게 되었다.
- 공공기관 채용의 수도권 편중 완화 : 과거 수도권 대학 출신이 70~

80%를 점유하던 구조가 점차 다원화되고 있다.
- **지역대학의 경쟁력 강화 유도** : 실질적 채용 연계가 이뤄지면서 지방대의 커리큘럼, 산학협력 구조도 진화 중이다.

결과적으로, 지역인재 제도는 단지 특정 개인의 기회를 확장하는 것이 아니라, 국가의 인재 풀을 다양화하고, 수도권과 비수도권의 문화·경제적 격차를 줄이는 정책 도구로 기능해왔다.

4. 철학과 정책의 연결고리

노무현 대통령이 설계한 국가철학과 지역인재 제도는 다음과 같은 구조적 연결성을 가진다.

노무현 철학	지역인재 제도가 담은 가치
사람 사는 세상	누구나 차별받지 않고 경쟁할 수 있는 구조
기회의 평등	수도권 아닌 지방 출신도 고위직에 오를 기회 부여
지역균형 발전	공공자원과 인재기회의 분산
강자의 책임	수도권·명문대 중심 구조를 완화하려는 정책적 책임 부여

즉, 지역인재 제도는 단순한 시혜성 조치가 아니라, 국가의 구조를 '공정한 기회의 체계'로 바꾸려는 시도였으며, 이는 노무현이 추구한 정치적 정의의 실천적 구현이었다.

5. 제도의 한계와 현실적 과제

그러나 이 제도가 완전한 해결책은 아니다. 여전히 구조적 한계와 개선 과제를 안고 있다.

- **형식적 채용 문제** : 실질적 역량보다는 '비율 채우기'에 급급한 운영 방식은 제도의 정당성을 약화시키고 있다.
- **교육의 질 차이** : 지방대학과 수도권 대학 간 실력 격차는 제도 실효성에 지속적인 의문을 남긴다.
- **역차별 논란** : 수도권 출신 청년 사이에서는 "나는 왜 더 열심히 준비해야 하느냐"는 불만이 고조되고 있다.

이러한 문제를 노무현은 일찍이 인식하고 있었다.
그는 이렇게 말했다.

"균형을 맞추려면 기울어진 운동장을 바로잡아야 한다. 그 과정은 불편할 수 있지만, 불공정보다 낫다."

즉, 지역인재 제도는 불완전하지만 불공정보다는 낫다는 판단에서 출발한 것이다.

6. 결론 : 지역인재는 단순한 제도가 아니다

지역인재 채용은 곧 '정의로운 개입'이다.
그것은 약자를 우대하기 위해서가 아니라, 기울어진 운동장을 평평하게 만들기 위한 구조 개편의 일부다.
노무현은 단순히 제도를 설계한 것이 아니라, 그 안에 철학을 심었다. 지역인재는 그 철학이 실천되는 하나의 통로다.

그는 출신과 배경이 개인의 미래를 결정짓는 구조를 뒤엎고자 했다. 지역인재 제도는 그 시도의 연장선 위에 있으며, 앞으로 더 정교한 설계와 진정성 있는 운영을 통해 그 뜻을 이어가야 한다.

다음 장에서는, 지역인재 제도의 응용 사례인 **공공의대와 로스쿨의 지역전형** 설계를 살펴보고, 이를 통해 지역균형 발전을 어떻게 '직업-교육-정착'의 삼각구조로 연결할 수 있는지 분석해보겠다.

서울이 아니어도, 법조인이 될 수 있어야 한다

▶ 로스쿨 지역인재 제도와 정의로운 개입의 설계

1. 법조계의 수도권 편중은 우연이 아니다

대한민국의 법조계는 특정 집단에 의한 '독점된 기회 구조'라는 비판을 오래도록 받아왔다. 그 중심에는 '수도권 중심, 명문대 중심'이라는 이중 구조가 있었다. 서울에서 고등학교를 다니고, SKY 대학을 졸업한 이들이 로스쿨에 입학해 사법연수원에 진출하고, 결국 법조계 주요 자리를 차지하는 순환 고리가 굳어졌다.

이는 단순한 경쟁의 결과가 아니다. 정보 접근성, 입시 제도, 인적 네트워크, 법률 인턴 기회의 집중 등 여러 요소가 겹쳐 만들어낸 '구조적 특혜'였다. 그 안에서 지역 출신 학생들은 실력 이전에 진입 기회조차 보장받지 못했다. 특히 지방대학 출신은 서류 단계에서조차 탈락하는 일이 비일비재했다.

이러한 구조를 바꾸지 않고서는, 지방에서 출발한 법조인은 여전히 '예외적인 존재'로 남을 수밖에 없다.

2. 로스쿨 지역인재 제도의 등장

이러한 배경 속에서 새로운 제도가 기획되었다.
바로 '로스쿨 지역인재 특별전형 제도'다. 핵심은 명확하다.
"서울이 아니어도 유능한 법조인이 자랄 수 있어야 한다."

이 제도는 단순한 우대책이 아니다.
지역 법률 수요 충족, 지방 로스쿨의 경쟁력 확보, 지역 청년의 사회적 이동 경로 확보라는 **삼중 목표를 가진 구조 교정 장치**다.
다음은 이 제도의 기본 설계 방향이다.

- 지방 로스쿨 경쟁력 강화
- 지역 고교·대학 출신 학생의 법조계 진출 확대
- 지역 법률 수요 충족 및 인재의 지역 정착 유도

이는 단지 몇 명의 입학을 보장하는 문제가 아니다.
법조계 인력의 구조적 재편을 위한 장기적 투자이며, 법률 정의의 **지역 분산화 전략**이다.

3. 제도의 구체적 설계

2026학년도 입시부터 단계적으로 시행될 이 제도는 다음과 같은 틀을 갖추고 있다.

❑ 제도 개요

항 목	내 용
목적	로스쿨 입학 및 졸업 후 진로에 있어 지역인재의 기회를 제도적으로 보장
대상	비수도권 고등학교 + 비수도권 대학 졸업자(또는 졸업예정자)
적용기관	전국 25개 로스쿨 중 비수도권 소재 15개 대학 우선 적용
시행시기	2026학년도부터 단계적 도입 예정

4. 정책 구성 요소

❑ 지역인재 특별전형 의무화
- 비수도권 로스쿨은 정원의 최소 30%를 지역인재 전형으로 선발
- 지원 요건은 다음 두 가지 중 하나

  - 고등학교와 대학교 모두 비수도권 지역 소재
  - 3년 이상 비수도권 거주 + 지역대 졸업

단, 평가 방식은 기존 전형과 동일한 LEET 성적, 학점, 자기소개서 등을 기준으로 하여 단지 출신지로 인한 가산점 부여가 아니라, 별도

의 기회 창구 개설에 가깝다.

❏ **지역인재 장학제도**
- 입학장학금 지급(최대 등록금 전액 지원)
- 졸업 후 지역 공공기관·법률구조공단 등에 취업 시 **정착장학금**을 추가 지원

❏ **지역 법조기관 연계 프로그램**
지역 법원·검찰·공공기관 실습 의무화

- 지역 로펌 및 법률구조공단과 우선 MOU 체결
- 해당 지역 로스쿨 졸업자는 해당 지역 로펌과 우선 연계

❏ **로스쿨 평가제도 개편**
- 기존 교육부·법무부 평가 항목에 '**지역인재 양성률**' 지표 추가
- 취업률, 지역사회 기여도, 봉사활동, 졸업생 정착률 등도 함께 반영

❏ **법조계 진출 인센티브**
- 사법연수원 실무기관 배정 시 지역인재는 지역 우선 배치
- 법원·검찰·공공기관 채용 시 지역인재 전형 가산점 부여

5. 기대 효과와 전략적 가치

이 제도가 현실화되었을 때, 기대되는 변화는 단순히 '입학 비율'에 머물지 않는다. 더 크고 근본적인 변화를 이끈다.

분야	효과
교육	지방 고교·대학 출신의 법조계 진출 가능성 확대
균형발전	법률 서비스의 수도권 쏠림 해소, 지역 정착 유도
사회정의	출신 배경이 아닌 실력 중심 사회로의 전환 촉진
로스쿨 경쟁력	비수도권 로스쿨의 인지도 상승, 교육수준 향상

결과적으로, 로스쿨 지역인재 제도는 **기회의 평등, 지역 균형, 법률 정의**라는 세 개의 가치를 한꺼번에 실현하는 제도적 실험이다.

6. 제도의 한계와 보완 과제

그러나 이 제도 역시 몇 가지 구조적 취약성을 안고 있다.

- **실질 경쟁력 논란** : 일부에서는 지역인재 전형으로 입학한 학생들의 학업 수준이 떨어질 수 있다는 우려를 제기하고 있다. 이에 따라 입학 이후의 **사후 평가 체계**가 반드시 병행되어야 한다.
- **형식화 우려** : '편법 주소 이전' 등의 부작용을 막기 위해선, 재학기관 및 거주 요건을 정밀하게 규정하고, 서류 검증 시스템을 강화해야 한다.

- 정착의 지속성 문제 : 단기 근무 후 수도권으로 이탈하는 현상을 방지하려면, 지역 내 법률 일자리의 질적 향상, 그리고 장기 인센티브 구조가 필요하다.

7. 결론 : 법조 정의의 시작은 기회의 정의에서부터

"서울이 아니어도, 법조인이 될 수 있어야 한다."

이 말은 단순한 구호가 아니다.
법 앞의 평등은 법조계로 들어가는 입구의 평등에서부터 시작된다.

로스쿨 지역인재 제도는 노무현 대통령이 말했던 "기회의 평등" 정신의 연장선에 있으며, 공정한 사회는 기회의 출발선이 정의로워야 한다는 헌법적 명제를 법조계에서 실현하려는 첫 실험이다.

법률은 정의를 말하지만, 입학은 기회를 좌우한다.
정의로운 사회는 누가 법을 해석하느냐에 따라 달라진다.
따라서 이 제도는 단지 입학제도가 아니라, 대한민국 법치주의의 기초를 평평하게 다지는 작업이다.

CHAPTER 03

평등은 기다려 오지 않는다

▶ 여성할당제와 제도적 개입의 정치학

1. 왜 여성할당제를 말해야 하는가

여성할당제란, 정치·행정·기업 등 사회 주요 의사결정 구조에 여성의 일정 비율 이상 참여를 법적 또는 정책적 장치로 강제하는 제도를 뜻한다. 일반적으로는 '여성 쿼터제'라 불리며, '남녀동수제(Parity Model)' 같은 보다 급진적인 형태도 존재한다.

이는 단순히 여성의 '대표성' 확보 문제가 아니다. 여성할당제는 다음과 같은 구조적 명제를 전제로 한다.

"사회는 평등하지 않다. 평등하지 않은 구조에 실질적 평등을 만들기 위해서는, 평등하게 보이게 만드는 형식적 평등으로는 부족하다."

즉, 여성할당제는 능력주의의 신화가 어떻게 불평등을 은폐해왔는지를 드러내는 거울이자, 그 벽을 깨기 위한 제도적 도끼다.

2. 한국 여성할당제의 제도적 진화

대한민국에서 여성할당제에 대한 논의는 국제적 규범 수용에서 시작되었다. 1979년 유엔이 채택한 「여성차별철폐협약(CEDAW)」은 '적극적 우대조치'의 국제 기준을 제시했으며, 한국은 1984년 이 협약을 유보 조건으로 비준했다. 이후 여성단체와 시민사회는 이를 토대로 법적 제도화를 추진했다.

중요한 전환점은 다음과 같다.

- 1995년 : 「공무원임용시험령」 개정으로 '여성공무원 채용목표제' 도입
- 1995년 : 대한민국 최초의 여성정책 관련 법률인 「여성발전기본법」 제정

이를 통해 여성할당제는 단지 정책 권고안이 아니라 **법률적 근거를 지닌 제도적 의무**로 자리잡기 시작했다.

3. 여성할당제를 둘러싼 다섯 가지 논거

여성할당제는 단지 '여성 우대'가 아니라, 다음과 같은 **정치적·경제적·사회적 정당성**에 기반하고 있다.

- **구조적 차별의 실질적 해소** : 단순한 경쟁의 장이 아닌, 여성에게 구조적으로 불리한 진입구조를 가진 사회에서 **제도적 개입 없이는 평등은 실현되지 않는다.**
- **조직성과와 다양성의 상관관계** : 다양한 배경을 지닌 집단일수록 조직은 더 창의적이고 안정적이라는 '다양성 관리' 논리는 이미 많은 기업이 실증적으로 받아들이고 있다.
- **유리천장의 현실** : 고위직, 인기 직종, 결정권 있는 자리 대부분은 여전히 남성이 독점하고 있다. '실력주의'라는 말은 **기회의 불균형**을 가리기 위한 장막이 되어선 안 된다.
- **성과에 대한 실증적 입증** : 일본 상장기업 297곳에 대한 골드만삭스의 조사에 따르면, 여성 관리자 비율이 15%를 넘는 기업은 ROE(자기자본이익률)가 평균 9% 이상으로 높았다. 국내 연구에서도 여성 관리자 비율이 높은 기업의 ROE가 2배 이상 높게 나타났다.
- **ESG와 투자자들의 요구** : 글로벌 자본시장도 '다양성'을 성과지표로 반영하고 있다. 블랙록, 뉴욕연기금, 캐나다 연금 등 주요 기관투자자들은 **여성이사회 참여**를 요구하고 있으며, 이를 지키지 않는 기업에는 투자를 제한하고 있다.

4. 제도적 개입의 모범 사례 : 독일의 여성할당제

독일은 여성할당제를 헌법적 평등 실현을 위한 국가 의무로 규정하고 있으며, 이는 법적·정치적·경제적 영역 전반에 적용되고 있다.

❏ 헌법적 근거

독일 기본법 제3조 2항은 다음과 같이 명시한다.

"남성과 여성은 동등하다. 국가는 실제적 평등을 실현하기 위해 조치를 취해야 한다."

이는 여성할당제를 단지 '권장 정책'이 아니라, 헌법상 국가의 책무로 정의한 규정이다.

❏ 정치 영역
- 녹색당 : 1980년대부터 50% 여성 할당
- 사민당(SPD) : 1998년 40% 도입 → 여성 의원 35%
- 좌파당 : 50%
- 기민당(CDU) : 2020년 여성할당 도입 → 2025년까지 50% 목표

이러한 정당의 정책적 선택은 독일 연방의회의 여성 비율을 1983년 8.5%에서 2021년 34.7%까지 끌어올렸다.

❏ 경제 영역

2021년, 독일은 기업 이사회에 여성 최소 1인 이상 의무 배정법을 도입했다.

100개 상장사에 적용되며, 명단 제출 시 여성 1인이 없으면 임명 자체가 무효화된다.

공공기관·국영기업에도 이사회 내 30% 여성 비율을 강제하고 있다.

5. 효과와 반론, 그리고 사회의 변화

여성할당제는 다음과 같은 효과를 가져왔다.

긍정적 효과	제기되는 반론 또는 한계
여성 리더십의 성장 촉진	'형식적 할당'에 그칠 위험
조직의 다양성과 창의성 향상	실력보다 성별 기준이라는 불만 발생
유리천장의 구조적 해소	일부 기업·정당의 형식적 이행 문제
실질적 기회 평등에 대한 사회적 논의 촉발	'역차별'이라는 반론의 지속

초기에는 "할당은 능력을 무시한다", "평등은 자율로 이루어져야 한다"는 반대 여론이 강했으나, 현재 독일 국민의 60% 이상이 여성할당제에 찬성하고 있으며(2021 YouGov 조사), 실질적 평등을 보장하기 위한 의도적 개입의 필요성에 대한 사회적 합의가 빠르게 확산되고 있다.

6. 국제 비교 속에서 본 한국의 현실

국 가	국회 여성 비율	여성이사회 법제화 수준
노르웨이	45.8%	이사회 40% 여성 의무화
프랑스	39.5%	이사회 40% 여성 의무화
독일	34.7%	이사회 최소 1인 여성 의무
한국	19.0%	자산 2조 이상 기업 이사회 1인 여성 의무

한국은 여성 정치 참여와 기업 이사회 여성 비율 모두에서 OECD 평균에도 미치지 못하는 수준이며, 특히 기업 부문에서는 형식적 법제화 외에 실질적 강제력이나 평가 지표가 부족한 상황이다.

7. 결론 : 할당은 특혜가 아니라 균형을 위한 도구다

우리는 '능력주의'라는 이름 아래, 얼마나 많은 기회의 구조를 정당화해왔는가.

여성할당제는 불편하고 때로는 역차별처럼 보이지만, 그것은 균형을 되찾기 위한 고의적 교정장치다.

"능력이 기준이라면, 그 능력이 발휘될 기회를 공정하게 보장해야 한다."

이 말은 여성에게 '특혜'를 주자는 것이 아니라, 그동안 제도와 문화 속에서 억제되어왔던 능력의 자연스러운 발현을 가능케 하자는 선언이다.

독일은 그 교정장치를 실험했고, 성과를 입증했고, 사회가 그 방향으로 움직이고 있다.

이제는 한국 사회도 형식적 평등이 아닌, **실질적 참여를 위한 법적 기초**를 마련할 때다.

다음 장에서는 이와 같은 제도적 개입의 패턴이 실질적 사회 변화를 어떻게 유도할 수 있는지, 그리고 '할당' 이후의 사회가 어떻게 '정상화'되어 가는가를 '사법-의료-과학' 등의 다른 분야로 확장하여 고찰해보겠다.

CHAPTER 04

정치는 더 이상 남성만의 일이 아니다

▶ 여성장관과 공천 30% 의무화를 위한 입법정책

1. 법으로 만들어야 바뀐다

정치 참여는 민주주의의 본질이다. 그러나 그 '참여'는 모두에게 평등하게 주어지고 있는가? 2024년 기준 대한민국 국회의원 중 여성 비율은 19%, 여성 장관 비율은 15% 수준에 머물고 있다. OECD 평균 국회의원 여성 비율(32%)에도 한참 못 미친다.

이는 단순히 '대표성의 결핍'이 아니다.
결정권이 남성 중심으로 배분되고 있는 구조적 현실을 보여주는 지표이며, 대한민국 정치의 작동 방식이 실질적 평등과는 거리가 멀다는 증거다.

이제는 단순한 권고나 기대가 아닌, 법률로 명확한 최소 기준을 명시하는 제도적 개입이 필요하다.

2. 「성평등 정치참여 보장법」의 핵심 취지

이 법은 단지 여성의 숫자를 늘리기 위한 것이 아니다.
그 목적은 세 가지다.

- 여성의 정치적 대표성을 실질적으로 보장하고,
- 양성평등 이념을 제도적으로 구현하며,
- 정치가 특정 성별·계층만의 전유물이 되지 않도록 다양한 구성원의 참여를 촉진하는 것이다.

이는 '형식적 평등'에서 '실질적 참여'로 나아가기 위한 헌법적 요구이자 민주주의의 진화 방향이다.

3. 여성장관 30% 할당 : 상징 이상의 구조 개편

이 법안의 제3조는 대통령이 임명하는 국무위원 중 최소 30%를 여성으로 지정하도록 명시하고 있다.

"여성 장관이란 국무총리를 제외한 대통령이 임명하는 각 부처의 국무위원 중 여성인 자를 말한다."

이는 단지 상징적인 숫자가 아니다. 국무위원이란 단어 그대로, 국가 운영의 방향과 결정권을 가진 이들이다.

여성장관 비율을 의무화하는 것은 다음을 의미한다:

- 정책결정 과정에 여성의 관점이 반영되는 구조 설계
- 국가의 리더십 모델에서 여성 롤모델의 등장 기회 확대
- 성인지 예산, 돌봄 정책, 고용 격차 해소 등 젠더 의제가 고위 차원에서 논의될 수 있는 조건 마련

현재 여성 장관 비율은 15% 남짓에 불과하며, 대부분 복지·여성·문화 등의 분야에만 국한되어 있다. 이는 여성의 정치적 대표성을 가장 낮은 수준으로 고정시키는 은폐된 배제 구조다.

4. 정당 공천 30% 의무화 : 변화는 공천에서 시작된다

법 제4조는 각 정당이 공직 선거(국회의원, 지방의회, 자치단체장 등)에서 후보자의 최소 30%를 여성으로 공천해야 함을 규정한다.

핵심은 공천 구조다. 선거 당선의 80% 이상은 정당 공천권이 결정한다는 점에서, 공천은 사실상 정치 참여의 출입구다.
공천에서 배제된다면, 아무리 능력 있고 헌신적인 여성 정치인이 있어도 선거에 나설 수 없다.

법은 구체적으로 다음과 같은 구조를 요구한다.

- 비례대표 선거 : 명부 내 3인 중 1인은 여성, 순번 번갈아 배치
- 지역구 선거 : 전체 공천자의 30% 이상을 여성으로 배정

이를 지키지 않을 경우, 정당은 해당 선거구의 국고보조금 50%를 환수당할 수 있다. 이는 상징성보다 실효성에 방점을 둔 실질적 제재 조항이며, 강제력이 없는 권고 수준을 넘는 정치구조 개혁의 핵심 장치다.

5. 실현을 위한 정책 지원과 감시 장치

여성 정치 참여 확대는 단지 공천만으로 이루어지지 않는다. 법 제5조는 이를 실현하기 위한 **정책적 기반 조성과 인프라 구축을** 명시하고 있다.

정부는 다음과 같은 프로그램을 추진할 수 있다.

- 여성 정치인 양성 아카데미 및 멘토링 지원
- 여성 후보자의 등록비 및 선거비용 일부 보조
- 출산·육아 등으로 경력이 단절된 여성의 정치 복귀 프로그램 마련

또한 중앙선거관리위원회는 정당별 여성 공천 실적을 매 선거 후 반드시 공개해야 하며, 이를 통해 유권자들이 정당의 성평등 실천 여부를 직접 확인할 수 있는 정보 접근권이 보장된다.

6. 위반 시의 제재 : 실효성 확보의 열쇠

법 제6조는 정당이 공천 기준을 지키지 않았을 경우 국고보조금 30%를 감액하도록 하며, 선거방송토론위원회는 위반 사실을 공개 경고 및 공표할 수 있다.

이는 법의 실효성을 확보하는 마지막 보루이며, 여성 후보 할당을 '권장사항'이 아니라 '의무'로 전환시키는 장치다.

7. 정치 다양성은 민주주의의 경쟁력이다

많은 이들은 여전히 "정치는 실력으로 판단해야 한다"고 말한다. 그러나 질문을 다시 던져야 한다.

"그 실력을 발휘할 기회는 과연 누구에게 평등했는가?"

프랑스, 독일, 노르웨이 등 유럽 국가들이 여성 공천과 장관 임명에 있어 법제적 강제조치를 취한 이유는 단순히 '정치적 올바름' 때문이 아니다.
그들은 다양한 정치가 더 좋은 정책을 만들고, 더 많은 국민을 대표하며, 더 강한 사회적 신뢰를 형성한다는 사실을 경험을 통해 입증했기 때문이다.

8. 결론 : 여성의 자리는 양보가 아니라 구조다

"여성도 정치를 할 수 있다"는 말은 이제 부족하다.
"여성이 없는 정치는 불완전하다"는 것이 오늘날 세계의 흐름이다.

「성평등 정치참여 보장법」은 이 흐름을 한국 정치에 적용하기 위한 헌법적 명령이자 민주주의 복원의 신호탄이다.
여성 장관 30%, 공천 여성후보 30%는 '할당'이 아니라 **기회의 문을 연 최소한의 장치**다.
정치는 더 이상 남성만의 일이 되어서는 안 된다.

「성평등 정치참여 보장법」 제정안(초안)

제1조(목적)
 이 법은 여성의 정치적 대표성을 실질적으로 보장하고, 양성평등 이념을 구현하며, 다양한 사회 구성원의 정치 참여를 촉진하기 위하여 여성의 국무위원 임명 및 정당의 공직 후보자 공천에 있어 최소한의 비율을 법적으로 규정함을 목적으로 한다.

제2조(정의)
 이 법에서 사용하는 용어의 정의는 다음과 같다.
 1. 여성 장관이란 국무총리를 제외한 대통령이 임명하는 각 부처의 국무위원 중 여성인 자를 말한다.
 2. 공직 후보자란 국회의원 선거, 지방의회 선거 및 지방자치단체장 선거에 출마하기 위하여 정당이 공천하는 자를 말한다.
 3. 정당이란 「정당법」에 따라 등록된 대한민국의 정당을 말한다.

제3조(여성 장관 임명 할당)
 ① 대통령은 국무위원을 임명함에 있어 전체 국무위원 수의 30% 이상을 여성으로 임명하여야 한다.
 ② 제1항의 기준은 국무위원 임명 당시 기준으로 적용한다.
 ③ 정당은 국무위원 후보 제안 시 이 기준을 고려하여야 한다.

제4조(정당의 공천 시 여성 비율 보장)
① 각 정당은 공직 선거에서 공천하는 후보자의 30% 이상을 여성으로 하여야 한다.
② 제1항의 규정은 다음 각 호에 따라 적용한다.
  1. 비례대표 국회의원 및 지방의원 선거에서는 명부 내의 3인 중 1인은 여성으로 배치해야 하며, 이 순서를 번갈아 배치해야 한다.
  2. **지역구 선거(국회의원·지방의원·자치단체장 포함)**에서는 전체 공천자 수 기준으로 30% 이상을 여성으로 하여야 한다.
③ 정당은 위 기준을 지키지 않으면 해당 선거구의 국고보조금 50%를 환수당할 수 있다.

제5조(지원 및 장려)
① 정부는 여성 정치 참여 확대를 위한 다음의 정책을 추진할 수 있다.
  1. 여성 정치인 양성 아카데미, 멘토링 프로그램 지원
  2. 여성 후보자 등록비 및 선거비용 일부 지원
  3. 정치활동 중단 경력 여성에 대한 복귀 프로그램 제공
② 중앙선거관리위원회는 정당별 여성 공천 실적을 매 선거 후 공개하여야 한다.

제6조(벌칙 및 불이익)
① 제4조를 위반한 정당은 해당 선거연도에 지급되는 국고보조금의 30%를 감액한다.
② 위반 정당에 대해 선거방송토론위원회는 공식 경고 및 공표 조치를 취할 수 있다.

제7조(부칙)

① 이 법은 공포 후 6개월이 경과한 날부터 시행한다.

② 제3조의 여성 장관 임명 의무는 현직 국무위원의 임기 만료 및 개편 시부터 적용한다.

③ 제4조는 공포일 이후 최초로 시행되는 전국단위 선거부터 적용한다.

❖ **입법 배경 요약(부대자료용)**

- 여성 국회의원 비율(2024) : 19%
- 여성 장관 비율(2024 하반기 기준) : 약 15%
- OECD 평균 여성 국회의원 비율 : 32% → 한국의 여성 정치 대표성은 선진국 대비 낮은 수준

형식적 평등에서 실질적 참여로 나아가기 위해 제도적 개입이 불가피하며, 유럽 다수국의 사례(프랑스, 독일, 노르웨이 등)처럼 **공천 단계에서의 할당이 가장 실효성 있는 수단**이다.

CHAPTER 05

수도는 서울이어야만 하는가

▶ 세종 수도 이전의 다섯 가지 전략적 근거

1. 수도는 국가 전략의 정수다

수도란 단지 행정부가 위치한 장소가 아니다. 그것은 국가의 생존, 권력, 상징, 미래 구조가 밀집된 전략적 공간이다.

대한민국의 수도 서울은 지난 수십 년간 정치·경제·문화·교육·교통의 중심지로 발전해왔지만, 이제 그 집중은 위험의 총합으로 되돌아오고 있다.

수도 이전 논의는 한때 지역 갈등의 쟁점이었으나, 이제는 국가의 생존과 균형을 위한 불가피한 전략 수립의 문제로 전환되어야 한다. 그 대안이 바로 세종시의 수도 기능 완성이다.

2. 안보 : 한반도에서 가장 위험한 곳에 권력이 있다

서울은 군사분계선으로부터 고작 40km 떨어져 있다. 이는 포병·미사일 사거리 내이며, 유사시 장사정포나 초정밀 타격 미사일로 국가 지휘부 전체가 마비될 수 있는 극단적으로 취약한 구조다.

- 대통령 집무실, 국회, 행정부, 언론, 금융까지 대부분이 한 도시에 집중되어 있다.
- 이는 전략적 위험 분산의 원칙에 반한다.

✔ 세종시로 행정부 중심 기능을 이전할 경우,

- 내륙 후방에 자리잡은 안정적 위치에서 **전시 지휘체계 유지 가능성 확보**
- **경제수도(서울)**와 **정치수도(세종)**의 이원화로 전략적 리스크 분산

한반도라는 분단국가의 현실에서, 수도의 위치는 단지 '전통'이 아니라 '생존'의 문제다.

3. 통일 : 평양·서울·세종의 삼두 체제 설계

통일 이후의 국가 구조를 구상할 때, 단일 수도 서울에 권력을 집중시키는 것은 남북간 균형 통합을 가로막는 장애물이 된다.
서울과 평양은 과거의 체제를 상징한다. 그 양극의 중간지대에 있는

세종은 통일 이후 중립적 통합수도 역할을 할 수 있다.

- 남북연방제 실현 시, 서울–평양 쌍수도 체제는 정치적 상징 균형을 제공
- 그 중심에 행정·중재 수도인 세종이 존재할 경우,
  → 남북 공동기관, 유엔 통일협력기구 유치 등 외교적 기능 수행 가능

✔ 세종은 남북이 모두 적대하지 않는 제3거점이자, 분권형 통일국가의 모델 실험장이 될 수 있다.

4. 분권 : 서울공화국에서 전국공화국으로

오늘날 대한민국은 사실상 **'서울공화국'**이다.

- 인구의 50%, 기업 본사의 80% 이상, 문화·언론·교육의 대부분이 수도권에 집중
- 그 결과 지방은 소멸 위기, 청년은 수도권으로 이주, 지역 불균형 심화

정부는 수도권 규제를 풀고 혁신도시를 만들었지만, 인구–자원–권력의 3중 집중은 멈추지 않았다.

✔ 세종이 수도가 된다면,

- 행정부 완전 이전, 나아가 입법부 일부 분산(국회 세종의사당)
- 부산·광주·대구·전주 등 지방 거점도시들과 수평적 행정 네트워크 형성
- 광역지자체 중심의 **연방적 분권 모델**을 실험할 수 있는 구조 가능

이는 단지 세종을 수도로 만드는 것이 아니라, 대한민국의 행정지형을 재편하고 권력 공간을 민주화하는 작업이다.

5. 교통 : 전국토 1시간 수도 생활권

세종시는 대한민국 중심부에 위치하며, 모든 고속철도망이 세종-오송권을 경유한다.

- KTX, SRT, GTX 연장선, 수서-광주선 등 **국가철도망의 중심**
- 이는 수도가 세종으로 이전될 경우, 부산·대구·광주도 수도 1시간대 생활권에 편입됨을 의미한다.

✔ 수도 이전은 교통망과 맞물릴 때 비로소 '국가 균형 인프라'로 작동한다.
- **"지방에서 살며 수도의 일을 하는 시대"**를 실현
- 서울 집중 구조에서 **생활권 중심의 분산 구조**로 이행 가능

즉, 세종 수도화는 서울 대체가 아니라 전국 연계를 위한 중심 기능 재배치다.

6. 부동산 : 집값 폭등과 지방 공동화의 동시 해결

서울의 아파트 평균 매매가는 2024년 기준 12억 원을 돌파했다. 30대 청년층은 평생을 일해도 내집마련이 불가능한 구조에 놓여 있다.

반면 광주, 대구, 전북 등은 미분양 아파트가 쌓이고 있으며, 젊은 인구가 떠나며 지역 경제는 공동화되고 있다.

✔ 세종이 수도가 되고, 전국을 1시간대 교통망으로 연결한다면,

- 서울의 과열 수요를 지방으로 분산
- 지방의 미분양 주택을 출퇴근 가능한 직주근접 주택으로 재해석
- 주거 안정과 부동산 균형을 동시에 달성

"서울 집값 문제는 서울 안에서 해결되지 않는다. 수도를 옮기고, 연결망을 확장할 때 비로소 해결의 길이 열린다."

7. 결론 : 세종은 행정수도가 아니다, 국가 전략 그 자체다

전략 항목	내 용
안보	북한 위협 회피, 전시 생존 기반 확보
통일	남북통합형 국가 구조 설계의 중재 수도
분권	권력과 자원의 공간 민주화
교통	전국을 수도 생활권으로 통합
주거	서울 집값 폭등과 지방 소멸의 동시 해소

세종 수도화는 **지역 균형 발전의 수단이 아니라, 대한민국의 생존, 통일, 분권, 주거, 인프라 전략이 집약된 국가 개조의 열쇠다.**

우리는 더 이상 수도의 개념을 **전통과 상징의 틀에 가둬서는 안 된다.** 수도는 가장 안전해야 하며, 가장 연결되어 있어야 하고, 가장 공정하게 작동해야 한다. 지금, 그 기준에 부합하는 유일한 해답은 세종이다.

다음 장에서는 세종 수도화를 기반으로 구축되는 **광역철도망, 공공기관 재배치, 부동산 전략, 인구 분산 정책의 세부 실행 로드맵을 구체적으로 살펴본다.**

CHAPTER 06

세종은 철도로 완성된다

▶ 광역철도망이 만드는 연결의 국가 전략

1. 수도의 핵심은 연결이다

"수도 이전은 정치의 문제지만, 철도망은 사회의 문제다."

행정수도 세종이 실제로 '수도처럼' 작동하기 위해 가장 먼저 해결해야 할 것은 **물리적 연결성**이다. 아무리 좋은 행정도시라도 사람과 자본, 정보가 드나들 수 없다면 **고립된 섬**에 불과하다.

대한민국은 이제 수도와 수도권을 넘어서 '**수도생활권**'이라는 새로운 개념의 시대를 맞이하고 있다. 그리고 그 중심에는 세종시를 중심으로 설계된 **광역철도망**이 있다.

2. 세종권 광역철도망이란 무엇인가

'세종권 광역철도망'은 이름 그대로 세종을 중심으로 충청권과 수도권을 잇는 순환·방사형 철도 시스템이다.
이 계획은 단지 세종과 대전, 오송을 잇는 데 그치지 않는다.
전국의 대도시들과 세종을 '1시간 생활권'으로 통합하겠다는 전략이다.

핵심 목표는 세 가지다.

- 세종시 중심의 국가 행정 수도 연계 교통망 구축
- 전국 주요 도시에서 1시간 이내 접근 가능한 생활권 실현
- 서울 집중 완화와 지방도시 정주 여건 강화

이는 교통 인프라의 문제를 넘어, 국토 균형 전략의 실현 수단이기도 하다.

3. 연결되는 역들, 바뀌는 기능들

세종권 광역철도망은 아래와 같은 주요 거점들을 철도로 묶는다.
이 연결은 행정 중심과 산업, 공항, 교육, 생활 기능까지 모두 포함하는 입체적 구조다.

역 명	주요 기능	연결 노선
청주공항역	중부권 항공 허브, 군·민 통합공항	중부내륙선, 충북선
오송역	KTX 경부선 분기점, 전국 고속철도 중심	KTX 경부선, SRT
조치원역	세종 북부 진입 관문, 일반철도 연계 지점	경부선 일반철도
정부세종청사역	세종시 핵심 행정지구 연결 예정지	신설 예정
KTX 세종역	KTX 호남선 경유, 전국 고속접근성 확보	KTX 호남선
반석역	대전과의 직접 연결, 도시권 연계 확장	대전 지하철 1호선
정부청사역 (대전)	기존 대전 행정축과 세종 연결	대전 지하철 1호선

이 철도들이 완성되면, **세종은 단순한 도시가 아니라 국토 중부의 '기능 집약 허브'**가 된다.

4. 어떻게 구축되고 있는가

이 광역철도망은 단계적으로 추진되고 있다. 속도와 효율, 예산의 균형을 고려한 1단계 실현→2단계 확장 구조다.

❏ **1단계 : 즉시 연계 구간 구축**
- 오송↔KTX 세종역↔반석역
- KTX 호남선과 대전 지하철을 연계해
  → 서울 및 대전권과의 직결 교통 확보

❏ 2단계 : 세종 내부 순환망 구축
- 조치원 ↔ 정부세종청사역 ↔ KTX 세종역
- 세종시 내 주요 기관·생활권을 하나의 교통망으로 통합
- 내부에서 외부로, 외부에서 내부로 유기적 이동 가능

✔ 이 구조는 단순한 이동 수단이 아니라, 세종이라는 도시를 '수도화'하는 필수조건이다.

5. 철도는 왜 중요한가 : 사회적 파급효과

이 철도망은 단지 기차가 다니는 선로를 의미하지 않는다.
국가의 흐름과 삶의 구조 자체를 다시 짜는 도구다.

❏ 수도 이전을 위한 사회적 설득 장치
- 수도를 세종으로 옮긴다 해도 "멀다", "불편하다"는 반발은 존재한다.
- 철도는 그 반론을 없애는 유일한 물리적 해답이다.
- 대중은 정책보다 접근성을 신뢰한다.

❏ 전국 1시간 수도 접근권 실현
- KTX 기반으로 부산, 광주, 대구 등 모든 광역도시에서 1~1.5시간 이내 세종 도달
- 수도권 중심 기회를 전국으로 재분배
- 지방 청년들도 수도와 연결된 기회에 접근 가능

❑ 부동산과 정주 여건 개선
- 광주·대구 등 지방의 미분양 아파트를 서울 출퇴근권으로 전환
- 서울 과열 수요는 자연스럽게 세종 및 주변도시로 분산
- 직주근접 인프라 → 지방 정착률 증가 → 사회 구조 안정화

6. 국가 전략과의 연계성

이 철도망은 고립된 교통계획이 아니다.
2040 광역도시권 발전전략, 국가철도망 구축계획, 행정중심복합도시 마스터플랜 등 여러 국가 전략의 핵심 축과 맞물려 있다.

- 수도 이전 논의에 실질적 '기능 기반'을 제공하고
- 수도권 집중 해소의 '물리적 대안'으로 기능하며
- 국토 균형발전 전략의 '최전선 실행도구'가 된다.

✓ "행정수도 세종은 철도 없이 완성될 수 없다."
이 말은 선언이 아니라, 계획의 구조적 진실이다.

7. 결론 : 세종은 철도로 연결될 때, 진짜 수도가 된다

세종권 광역철도망은 행정도시의 기능 확장을 넘어, 대한민국 전체를 하나의 수도생활권으로 묶는 연결망이다.

역 할	의 미
행정 중심 연계	서울-세종-대전의 균형적 기능 분산
지방 접근권 확보	광역도시 → 세종 1시간 접근 실현
부동산 재구조화	미분양 문제 완화＋정주 조건 개선
국가 균형발전	수도권 과밀 해소의 핵심 인프라 역할

지금 세종은 단지 정부청사가 모여 있는 신도시가 아니다. 철도와 연결되는 순간, 세종은 국가 전략 그 자체로 기능한다.

그리고 그 연결이 완성되는 날, 대한민국은 단일 도시국가에서 다핵 균형국가로 변모할 것이다.

CHAPTER 07

40분이면 도달하는 나라

▶ 압축국토 구상과 충청권 국가전략 허브화

1. 국토를 줄이자는 말이 아니다

국토는 넓을수록 좋을까? 아니면 작을수록 관리가 쉬울까? 이 질문에 명쾌한 답은 없다. 하지만 중요한 건 **국토가 '어떻게 연결되어 있는가'**이다.

만약 공항, 항만, 산업단지, 대학, 연구소, 정부청사, 주거지가 모두 40분 안에 도달 가능하다면, 그 나라는 분산된 듯 보이지만 하나로 연결된 도시국가의 기능을 수행할 수 있다.

서울만으로는 그 가능성을 실현할 수 없다.

그 중심에 세종, 청주, 당진, 아산만으로 이어지는 충청권 압축국토 모델이 있다.

2. 청주공항 : 제2인천공항은 가능하다

인천공항은 더 이상 수요를 감당하기 어렵다.
과밀한 공역, 확장 한계, 수도권 접근의 병목이 인천공항의 성장을 가로막고 있다.

이에 대한 국가적 대안으로 떠오른 것이 청주국제공항의 제2허브화 전략이다.

- 충청권 500만 인구의 항공 수요를 흡수할 수 있고
- 군과 민이 함께 활용할 수 있는 **이중안보체계 기반 공항**이며
- **세종~청주공항 광역철도(CTX)**를 통해 30분 이내 연결도 가능하다.

게다가 오송역을 경유하면 수도권 승객도 청주공항을 빠르게 이용할 수 있다.

✔ 청주공항은 단지 보조공항이 아니다.
통일 이후 북한과 중국 북부를 연결하는 허브공항, 그리고 수도권 항공 포화의 구조적 대안이다.

3. 아산만~당진항 : 철도로 연결되는 산업허리

서울과 수도권의 산업 기능이 경기도를 넘어서며, 이제는 충청 서부의 아산만 산업벨트와 당진항이 새로운 국가 산업의 중심으로 떠오르고 있다.

- 아산만 국가산단, 현대제철, 평택항 등 수도권 제조업과 수출입 기능
- 당진은 항만과 제철, 수소산업, 친환경 에너지까지 연계된 멀티 산업도시다

여기에 세종~당진 간 철도 연결이 더해지면, 산업·물류·행정이 하나의 축으로 연결되는 40분 경제권이 완성된다.

당진~김포를 잇는 서해 해저터널 구상까지 실현된다면, 서해안 전체가 서울을 포함한 수도권과 하나의 생활·경제권으로 편입된다.

4. 40분 압축국토의 완성 시나리오

모든 연결은 시간으로 증명된다.
세종, 청주공항, 당진, 아산만을 중심으로 다음과 같은 40분 이내 인프라 구조가 형성된다.

연결 구간	이동 수단	예상 소요 시간
세종 ↔ 청주공항	CTX 광역철도	30분 내
세종 ↔ 당진항	고속도로 + 광역철도	35~40분
청주 ↔ 당진	충청순환도로	40분 이내
아산만권 ↔ 세종	서해선 + 순환철도망	30~40분 내

이 말은 곧, 충청권 어디서든 공항, 항만, 산업단지, 대학, 연구기관, 정부부처까지 40분 내 도달 가능하다는 뜻이다.

✔ 이 구조는 서울공화국을 벗어나 대한민국 전체를 수도로 만드는 시도다.

5. 전략적 의미 : 단순한 연결이 아니다

이 압축국토 전략은 단순한 교통개선 사업이 아니다.
국가의 공간적 구조 자체를 다시 그리는 재배치 전략이다.

❏ **수도권 분산형 국가 재구조화**
- 기존 인천공항 · 서울 · 강남에 집중된 구조를
- 청주공항 중심의 다핵 분산 체제로 전환
- 행정은 세종, 물류는 당진, 산업은 아산만, 항공은 청주로 기능 분담

❏ **통일 이후 글로벌 허브 대비**
- 청주공항은 향후 북한 평양~중국 산둥 · 칭다오 항공로의 중심 중간기지

- 한국판 '인천–심양–하얼빈 벨트'의 관문 기능 가능

❑ **주거 · 물류 · 행정 통합**
- 수도권 집중 해소 → 주택 수요 분산 → 미분양 해소
- 철도기반의 물류 효율화 → 비용 절감
- 국토 전체를 서울보다 더 빠르고 효율적으로 연결

6. 결론 : '멀다'는 말이 사라지는 나라

"서울에만 모든 걸 몰아넣던 시대는 끝났다. 이제는 40분 안에 공항도 있고, 항만도 있고, 정부도 있고, 집도 있는 나라가 온다."

충청권 40분 압축국토 전략은 단순한 교통계획이 아니라, 대한민국을 동서남북으로 평평하게 연결하고, 수도권 과밀을 해소하는 미래국토의 기본도면이다.

세종 수도화, 청주공항 허브화, 당진항 산업벨트, 아산만 철도화… 이 모든 연결은 국토의 크기를 줄이는 것이 아니라, 시간의 격차를 줄이는 작업이다.

그리고 그 전략은 이제 막 현실이 되어가고 있다.

CHAPTER 08

세종, 제2의 강남이 될 수 있을까

▶ 쇼핑·교육·행정이 융합된 프리미엄 도시 전략

1. 강남은 어떻게 만들어졌는가

강남은 단지 고급 아파트가 많은 동네가 아니다. 그곳에는 세 가지가 있었다. 고급 소비, 최상위 교육, 집중된 정보와 인프라. 강남은 교육에 진입하는 사다리를 제공했고, 그 위로 상업과 부동산 가치가 올라섰다.

서울 강남이 '기회의 사다리'였다면, 세종은 이제 그 사다리를 다시 설계할 수 있는 유일한 땅이다.
정치와 행정 중심도시로 태어난 세종은 이제 소비와 교육까지 품는 도시로 확장되고 있다.

2. 쇼핑의 수도 : 스타필드, 더현대를 품다

백화점은 단지 물건을 파는 곳이 아니다.
그 도시에 문화, 고소득 소비자, 유동 인구, 프리미엄 브랜드, 도심 공간의 질서를 만든다.

세종시는 지금, **더현대(현대백화점)**와 **스타필드(신세계그룹)**라는 대한민국 양대 프리미엄 복합쇼핑몰을 **중심상업지구(2-4생활권)**에 유치하려는 계획을 본격화하고 있다.

✔ 기대되는 효과는 다음과 같다.

- 서울 강남·여의도 수준의 소비력을 **충청권 중심에 구현**
- 세종~대전 약 200만 명의 고정 소비 수요 흡수
- 쇼핑 + 외식 + 전시 + 문화 공간이 어우러진 **고소득층 정주 기반 형성**

　▶ 이는 "더현대는 여의도에만 있어야 한다"는 공식을 깨는 작업이며, 서울 중심 소비 구조를 충청으로 분산시키는 기회다.

3. 교육의 중심 : '세종 대치동'을 만들다

강남을 강남답게 만든 핵심은 단연 대치동 학원가였다. 고소득층의 수요와 자녀 교육에 대한 기대가, 하나의 지역을 **'입시 본진'**으로 만들었다.

세종시는 이미 고위 공무원, 전문직, 교수층 등 고학력·고소득 인구 비율이 전국 최고 수준이다.

이 인구를 지역에 붙잡기 위해 필요한 건 단 하나, 서울과 경쟁할 수 있는 사교육 허브다.

✔ 추진 전략은 다음과 같다.

- 3~4생활권을 사교육특구로 지정
- 강남 유명 학원 브랜드의 세종 분원 유치(임대료 감면, 인증제도 등)
- 오송~강남 KTX 45분 거리 → 서울 학원가 강사의 출강 가능성 확보
- 향후 자사고, 국제고, 국제학교 유치로 '교육 프리미엄 벨트' 완성

➤ '한솔동·어진동·새롬동'은 곧 도곡동·대치동·압구정동의 충청권 버전으로 진화할 수 있다.

4. 정치도시에서 소비도시로 : 세종의 이중 구조 전략

세종은 이미 행정의 수도다.

- 대통령 제2집무실
- 모든 부처의 이전
- 국회세종의사당 건설(2027 예정)
- 헌법재판소·대법원 분원 유치 논의

하지만 지금까지 세종은 '정책을 집행하는 도시'일 뿐, '삶이 중심인 도시'는 아니었다.

✔ 이제 세종은 다음과 같은 이중 도시 전략을 갖춰야 한다.

축	기능
청사 중심 행정도시	정책 집행, 정치 권력 집중
소비·교육 중심 생활도시	정주 유도, 상권 활성화, 인구 밀도 확보

행정이 도시를 만들고, 소비와 교육이 도시를 유지한다.

5. 정주 클러스터 : 주거·교통·교육·상업의 통합 모델

단지 건물 몇 개가 아닌, 도시 생태계 전체를 다시 설계하는 것이 핵심이다. 세종은 다음 네 가지 축을 동시에 움직여야 한다.

영역	전략
주거	중상위급 아파트 공급, 정원도시형 타운 조성
교통	KTX 세종역 신설, BRT 순환망, GTX-C 연장 검토
교육	사교육특구 지정, 외고·국제고·에듀타운 유치
상업	더현대·스타필드 유치, 로데오형 복합 상업 지구

✔ 이 4축이 결합되면, 세종은 "직주근접+고급 교육+프리미엄 소비"를 품는 도시가 된다. 즉, 서울을 떠나도 손해가 아닌 도시가 된다.

6. 강남 vs 세종 : 잠재력의 비교

항 목	강 남	세종 (전략적 조성 시)
평균 소득	전국 최고	공무원·전문직 중심 고정 수요
교육 수준	대치동 학원가 집중	사교육특구 조성 시 유사 가능
상권	현대백화점·코엑스·스타필드	더현대·스타필드 유치 추진
부동산	고가, 공급 한계, 과밀	상대적 저가, 개발 여지 풍부
교통	혼잡, 자가용 중심	BRT, KTX, 1시간 생활권 가능

세종은 강남이 이미 가진 것을 모방하는 도시가 아니다.
'사람이 원하는 기능'을 새롭게 조합하여 실현할 수 있는, 빈 공간이 남은 가능성의 도시다.

7. 결론 : 강남의 공식을 다시 쓰는 도시

"정치는 세종에서, 교육은 강남에서"라는 공식은 이제 낡았다. 새로운 공식은 이렇다.
"정치도, 교육도, 쇼핑도 세종에서."

세종은 국가가 설계하고, 기업이 투자하며, 시민이 살아가는 도시다. 이제는 소비와 교육, 부동산과 교통, 정치와 일상이 모두 조화를 이루는 도시로 완성되어야 한다.

• 사교육 프리미엄

- 백화점 중심 상업 클러스터
- 고소득 고정 인구

이 세 가지 요소를 동시에 갖춘 대한민국의 제2의 강남은 바로 세종이 될 수 있다.

❖ **정책적 보완 방안**
- 스타필드 · 더현대 유치를 위한 **국토부 · LH 매각 우선권 제공**
- **세종 교육특구 지정** 및 브랜드 학원 분원 유치 인센티브 제도화
- **자사고 + 청년창업 클러스터 + 테크센터** 복합 유치
- 세종시 **공공택지 규제 완화, 전매제한 완화** 등을 통한 자산가 정착 유도

다음 장에서는 이러한 강남화 전략의 실현을 뒷받침할 세종 청년창업 · 과학기술 클러스터 조성, 그리고 법률 · 의료 · 행정 중심지에서 혁신과 투자 중심지로의 진화 모델을 살펴본다.

CHAPTER 09

행정도시를 넘어 테크도시로

▶ 세종의 청년창업·과학기술 클러스터 전략

1. 수도는 권력만이 아니라 기술도 가져야 한다

세종은 행정수도로 설계된 도시다. 하지만 미래 사회에서 '수도'란 단지 정부 부처가 모여 있는 공간이 아니다.
정책, 데이터, 기술, 창업, 투자, 인재가 함께 흐르는 도시만이 '수도 기능'을 온전히 수행할 수 있다.

지금 세종이 필요로 하는 것은 권력의 도시에서 혁신의 도시로의 전환 전략이다.

2. 왜 청년창업인가?

창업은 더 이상 실리콘밸리만의 전유물이 아니다.
정책, 데이터, 행정, 법률, 연구기관이 밀집된 세종은 **지식창업 · 정책기반 창업의 최적지다.**

- 공무원 · 전문직 · 연구자 중심의 고정 인프라
- 수도권과 1시간 생활권 연결성
- 비교적 낮은 임대료와 미개발지의 확장성
- 국회, 부처, 공공기관의 수요 기반 존재

✓ 이는 서울 강남, 판교, 대전에 없는 '행정+창업'이 결합된 신도시형 테크클러스터 모델을 가능케 한다.

3. 세종 테크밸리 전략의 3대 축

❏ 정책 연계형 창업지대 조성
- 정부부처, 지방자치단체, 국책연구기관과 연계된 **정책 기술 스타트업 유치**
   예 행정정보 자동화, 사회복지 IT, 지방정책 시뮬레이션 솔루션 등

❏ 청년창업 복합타운 구축
- 스타트업 사무공간+청년주거+공공지원센터+문화공간이 결합된 복

합 단지
- 서울 대비 50% 수준의 입지비용과 안정적 주거 제공
- 유입 청년의 '생활기반 정착'까지 고려

❏ 대학 · 연구기관 연계 R 벨트
- KAIST 세종캠퍼스 유치(추진 중), 국책연구기관과 대학 간 창업 연계 프로그램
- 세종에 기초과학 · 기술벤처 중개기관 설치
- '연구 → 실험 → 시제품 → 정책'까지 연결되는 기술창업 생태계 구축

4. 국내 사례와의 비교 : 판교 vs 세종

요소	판교	세종
주요 산업	게임, IT, 플랫폼 기업 중심	행정, 정책, 사회기반 기술 창업 중심
인프라	민간주도 벤처타운, 유니콘 중심	정부주도, 제도-정책 연계형 창업 기반
공간 제약	과밀, 임대료 상승, 확장성 제한	신도시, 저밀도, 신규 설계 가능
접근성	강남권 접근성 우수	전국 광역도시에서 1~1.5시간 이내 접근 가능

✔ 세종은 **테크 창업의 새로운 유형(정책+행정+사회문제 해결형 스타트업)**을 개척할 수 있다. 이는 판교나 서울이 제공하지 못하는 **새로운 창업 영역의 공간 실험**이다.

5. 글로벌 사례와 연계 가능성

- 에스토니아 탈린 : 정부 기반 디지털 스타트업 육성(e-Residency, 전자정부 API)
- 캐나다 오타와 : 수도이면서도 정부와 기술 스타트업 간 밀접한 상호작용 존재
- 핀란드 헬싱키 : 복지기술·정부혁신 플랫폼 중심 도시로 성장

세종은 대한민국에서 이와 같은 역할을 수행할 수 있는 유일한 후발 신도시다.

6. 정책적 실행방안

추진 항목	내 용
청년창업벨트 조성	정부세종청사 인근 유휴부지에 복합타운 조성(창업+주거+창작 공간)
과학기술 R 중심 육성	KAIST·국책연구소 중심 클러스터 연계 및 세종지식도시 플랫폼화
법·행정 스타트업 지원	행안부·법제처·국회사무처와 연계한 '정책기반 창업' 지원 펀드 운영
전국 청년 유입을 위한 조건 완화	주거지원금, BRT·KTX 기반 교통보조, 세종형 청년기본소득 실험 등

✔ 테크는 기술이 아니라 사람이다. 세종의 전략은 기술을 유치하는 것이 아니라, 청년을 유치하는 것에서 시작된다.

7. 결론 : 세종은 '일하는 도시'에서 '만드는 도시'가 되어야 한다

세종이 진정한 수도가 되려면 그곳에서 행정만이 아니라 창조가 일어나야 한다.

- 부처와 기업이 연결되고,
- 공무원과 청년이 함께 정책을 실험하고,
- 대학과 연구기관, 스타트업이 도시 기능을 설계하는 곳

그것이 행정도시를 넘은 테크도시, 실험도시, 창업수도 세종이다.

"강남은 소비를 만들었고, 판교는 플랫폼을 만들었으며, 세종은 정책과 기술, 미래를 함께 만들어야 한다."

CHAPTER 10

법과 기술, 그리고 지방의 미래

▶ 노무현대학교 로스쿨과 청년 테크노밸리의 결합 전략

1. 로스쿨은 이제 서울에만 있지 않아야 한다

대한민국 로스쿨 제도는 출범 당시 '법조 진입의 다양화'를 약속했다. 그러나 시간이 흐르며 다시 수도권 중심, SKY 중심으로 회귀하고 있다.

- 등록금은 높고, 지역 로스쿨은 지원자가 부족하며,
- 졸업생들은 다시 수도권 취업을 선호한다.

결과적으로 '지역 법조 생태계'는 붕괴하고, 지방에서는 검찰, 변호사, 행정심판 전문가가 구조적으로 부족한 상황이 이어지고 있다.

✓ 이제는 새로운 실험이 필요하다. 노무현대학교 로스쿨이라는 이름으로, 지방 균형 발전형 법률 인재 육성 플랫폼을 만들자.

2. 왜 하필 노무현대학교인가?

"기회는 평등하고, 과정은 공정하며, 결과는 정의로워야 한다."

문재인 전 대통령의 이 말은 여전히 유효하다. 그러나 지금의 로스쿨 제도는 기회는 비싸고, 과정은 불균형하며, 결과는 수도권 중심이다.

노무현대학교 로스쿨은 단지 학교가 아니라, 그 철학을 제도로 옮기는 정치·사회적 장치다.

- 서울과 부산이 아닌, 세종과 청주에 위치하며
- 충청권 청년의 입시경쟁 구조를 설계하고
- 사법시험 부활과 연결되는 복수 경로 기반 진입 구조를 제공하며
- 공공기관, 법률구조공단, 공공로펌 등으로 **지역 정착 경로를** 만들어낸다.

3. 행정도시 세종 + 법률수도 노무현대 = 지식수도의 탄생

세종은 행정수도로 출발했지만, 그 기능을 완성하려면 **행정만이** 아닌 판단과 해석의 중심, 즉 **법률 기능**이 함께 와야 한다.

✔ 노무현대학교 로스쿨은 그 중심이 된다.

- 위치는 정부세종청사, 헌법재판소 분원, 법제처와 인접한 지역
- 대전권 과학기술대학, 국책기관, 연구소와 협력 가능
- 세종오송으로 이어지는 광역 지식벨트 구축

이 법학교육기관은 단지 변호사 자격증을 주는 곳이 아니다. AI, 바이오, 원자력, 개인정보, 입법 기술 등을 해석하는 공공적 해석자 양성소다.

4. 청년 테크노밸리와 융합되는 법률 교육

기술은 법의 해석을 바꾸고, 법은 기술의 운명을 바꾼다.

- 인공지능에 대한 법률적 책임은 누구에게 있는가?
- 원자력 기술의 윤리적 기준은 누가 만드는가?
- 공공데이터는 어디까지 민간이 활용할 수 있는가?

이 질문들에 답할 수 있는 **과학+법 융합형 인재**는 지금 한국에는 거의 없다. 그리고 그들을 키우는 시스템도 없다.

✔ 노무현대학교 로스쿨은 다음과 같은 협력 체계를 갖는다.

분야	협력 기관	내용
AI · 사이버법	KAIST, KRISS	알고리즘 편향, 디지털 범죄, 정보보호법
바이오 · 윤리	충남대 · 한밭대	생명윤리, 의료법, 유전자 관련 규제
원자력	한국원자력연구원	기술 규제 및 국제 원자력 협약 교육
입법 프로세스	국회 세종의사당	청년 입법 클리닉, 시뮬레이션 과정

5. 사법시험 부활과 지역고시 트랙의 복원

현행 로스쿨 체제는 장점과 한계를 동시에 가지고 있다. 가장 큰 문제는 **비용 장벽과 지역 청년의 기회 상실**이다.

노무현대학교 로스쿨은 이에 대한 복합 대안을 제시한다.

- 입학정원의 30% 이상을 충청권 출신 지역인재 특별전형으로 선발
- 우수한 학생의 경우 장학금 지원
- 졸업 후 공공기관 근무 시 학자금 탕감 또는 특별채용 연계
- 일부 인력은 **지역형 사법시험 트랙**으로 병행 운영

✔ 고시와 로스쿨을 병렬 운영하여

- 법조 진입 경로 다원화
- 지방 고시 준비생의 희망 복원
- 공공법률분야 인력 확보가 동시에 가능해진다.

6. 청년정책, 지역균형, 사법개혁이 동시에 실현되는 모델

분야	기대 효과
법률	공익 중심 법조인, 행정도시 법률 시스템 내재화
교육	지역 고등교육 구조의 고도화, 탈수도권화
과학기술	융합형 법률가, 입법 기술 인재 양성
균형발전	세종대전 지식벨트 강화
사법개혁	법조 진입 다양화, 사시 복원 실험장

노무현대학교는 단지 한 캠퍼스가 아니다.

기회의 철학을 교육제도와 연결하는 입법 실천의 플랫폼이다.

7. 실현 전략

- 「노무현대학교 설립 및 지역법률인재 육성 특별법」 국회 발의
- 교육부＋법무부 공동 추진
- KAIST, 국립행정대학원, 국회 세종의사당과 3각 협약 체계 구축
- 충청권 광역지자체＋지방 법조계＋지역기업 동시 협력 추진체제 마련

8. 결론 : 정의는 설계될 수 있다

법은 현실을 해석하는 도구이지만, 그 법을 해석할 사람이 어디서 태어나고, 어떤 기회를 갖느냐는 정치의 문제다.

"기회는 평등하고, 과정은 공정하며, 결과는 정의로워야 한다."
지금 대한민국의 법률교육은 이 문장을 구현하고 있는가?

노무현대학교 로스쿨은 그 질문에 **교육, 과학, 균형발전, 청년창업, 사법개혁**이라는 다섯 갈래 해법으로 답하려 한다.

이제 세종은 행정만 하는 도시가 아니다.
법과 기술, 정의와 성장, 청년과 공공이 만나는 지식수도의 모델이 세워지고 있다.

CHAPTER 11

국방은 수도권에 머물러선 안 된다

▶ 오송·계룡·청주·대전·세종을 잇는 K-Defense Tech Belt 전략

1. 국방을 과학으로, 안보를 기술로

21세기 안보는 더 이상 병력 숫자와 화력만의 문제가 아니다. AI 기반 무인전투체계, 양자통신 보안, 드론정찰, 자율형 로봇전투 등 기술이 곧 전력이 되는 시대가 도래했다.

이러한 흐름에서 한국의 국방력 역시 단순한 병력구성의 차원을 넘어, '국방과학기술력'이라는 질적 전환이 필요한 시점이다.

✓ 그리고 그 전략의 중심지로 주목받는 곳이 있다. 바로 오송, 계룡, 청주, 대전, 세종을 연결하는 충청권이다.

2. 전략 구상 : 충청 국방과학 클러스터

이 전략은 충청권을 관통하는 5대 거점을 군사·산업·과학이 유기적으로 연결된 K-Defense Tech Belt로 발전시키는 계획이다.

지 역	역 할
오송	육사 이전 → 군사교육·병참 허브화
계룡	국방부 본청 이전 → 지휘·작전 중심지화
청주	공사 확장 → 항공·우주·드론 전력기지화
대전	코레일·로템 → 방산·철도·로봇 생산거점
세종	행정 및 국방정책 교육·조정 본부 역할

✔ "전략지휘 → 산업생산 → 과학개발 → 교육훈련 → 행정지원"의 5중 구조가 하나의 권역 안에 완성되는 모델이다.

3. 오송 : 철도와 군사교육의 결합

오송은 경부선·호남선·SRT 등 대한민국 철도의 핵심 허브다. 이 지점에 **육군사관학교**를 이전하면 다음이 가능해진다.

- 전국 어디서든 통학·귀가 가능한 **전국형 사관학교 전환**
- 전시 병참·수송의 중심기지화
- 육사, 국군기무사, 군의학교 등 복합 교육기지 통합 가능성

▶ 오송에 육사를 배치한다는 것은, 지리적으로 대한민국 국방교육을 재중심화하는 일이다.

4. 계룡 : 국방부와 합참의 이원 지휘체계 완성

계룡은 이미 국방대, 계룡대 캠프, 국방시설본부가 위치한 **전통적 군사 거점**이다.
여기에 국방부 본청과 합동참모본부 일부를 추가로 이전하면 다음과 같은 변화가 생긴다.

- 수도권이 타격당할 경우에도 이원화된 지휘 체계 작동
- 합참과 실전부대 간 작전계획 수립·훈련·지휘 일체화
- 계룡–오송–청주–대전을 잇는 군사작전 벨트 형성

✔ 계룡은 지휘체계 이원화＋지하전시지휘본부 건설을 위한 최적지다.

5. 청주 : 하늘에서의 전력이 시작되는 곳

청주에는 이미 공군사관학교가 있다.
하지만 이곳을 단지 교육시설로 남겨서는 안 된다.

- ❖ 전략적 확장
  - 드론전력학교, 우주작전학교 신설
  - 청주공항과 연계한 **전술항공기 · 무인기 훈련 및 테스트베드화**
  - 국산 초음속기 KF-21의 실전배치 전단계 훈련기지화

✔ 청주는 공군+우주군+항공산업의 3중 거점으로 성장 가능성이 크다.

6. 대전 : 산업이 군을 만든다

대전은 코레일 본사가 존재하고 현대로템이 이전할 시 이점이 있다.

- 로템 생산기지 일부를 창원에서 대전으로 이전하면,
  → 전차, 무인장갑차, 전투 로봇의 내륙 생산체계 구축 가능
- KAIST와 연계해 AI · 로봇 · 양자 기반 국방 기술 공동개발 가능
- 대전역세종 간 철도 인프라 활용
  → 전시 군수수송 시뮬레이션 센터 운영 가능

✔ "군수의 도시"로서 대전의 정체성을 재설계할 수 있다.

7. KAIST와 ADD : 전장 위의 과학 실험실

충청권에는 KAIST, KRISS, 국방과학연구소(ADD) 등 세계적 수준의 과학연구기관이 밀집해 있다.

❏ 전략적 연계

분야	기관	연계 대상
AI · 자율무기	KAIST 국방AI센터	현대로템, 국방부
양자 · 사이버보안	KAIST 양자센터	계룡 사이버사령부
항공 · 우주	KAIST 우주센터	청주 공사, KAI
드론 · 로봇	KAIST 로봇연구소	육사 신설연구소, 군수사령부

이러한 구조는 미래 국방기술의 전 라인을 충청권에서 설계-개발-시험-훈련-배치까지 수행할 수 있음을 뜻한다.

8. 기대 효과 : 국방도 균형발전이다

분야	기대 효과
안보	전시 지휘 이원화, 수도권 타격 대응성 확보
산업	국산 무기 자립도 향상, 첨단 방산 수출 기반 강화
과학기술	방산 · AI · 로봇 등 융합기술 집중화
지역균형	고급 국방산업 일자리 창출, 청년 정착 유도
통일대비	중부권 군사지휘 거점 → 북중 접경 안정화 플랫폼

국방은 서울만의 것이 아니다.
전쟁을 막기 위해, 과학으로 무장한 분산형 국방도시가 필요하다.

9. 결론 : 충청이 곧 국방이요, 국방이 곧 미래산업이다

"수도권에 모든 국방을 몰아넣는 시대는 끝나야 한다. 과학과 안보, 산업과 평화가 하나로 연결된 다핵 국방도시가 필요하다."

오송, 계룡, 청주, 대전, 세종은 군·과학·산업·행정이 맞물린 하나의 축이다. 이 축은 대한민국이 단지 국토를 방어하는 수준을 넘어서, 국방으로 수출하고, 과학으로 전쟁을 억제하며, 지역으로 균형을 이루는 진화된 국가 전략의 실험장이 될 것이다.

❖ 정책 제안 정리
- 「충청 국방산업클러스터 특별법」 제정
- 국방부·국토부·산업부·과기부 공동 추진
- 국방과학연구소(ADD), 방위사업청, 현대차그룹, KAIST 전략적 참여
- 국회 국방위원회·예결위 중심의 추진 연계

CHAPTER 12

오송은 단순한 철도역이 아니다

▶ 충청권 국방·과학 클러스터의 구조적 정당성

1. 국토 중심에서 국가 전략을 설계하다

오송은 철도역 하나를 넘는 의미를 가진다. KTX 경부선과 호남선이 교차하고, 전국 주요 도시가 2시간 이내 연결되는 대한민국 철도 인프라의 심장부다.

하지만 이곳은 단순한 교통의 허브가 아니다. 오송은 지금, 군사교육, 방위산업, 과학기술, 공공행정이 한 축에 모이는 전략 거점으로 진화하고 있다.

✓ 오송을 중심으로 국방과 과학, 산업이 융합될 때 대한민국의 안보, 균형발전, 미래 성장 전략이 동시에 설계될 수 있다.

2. 오송역 : 국방·교육 인프라의 최적 입지

❑ **전국 교통 허브**

오송역은 KTX 경부선과 호남선이 분기하는 유일한 철도 교차지점이다. 서울(수서 포함), 대구, 부산, 전주, 광주, 청주, 세종, 대전 등 모든 거점 도시에서 2시간 이내 접근 가능하다.

✔ 육군사관학교 입지를 오송으로 이전할 경우

- 전국단위 모집을 위한 **입시 평등성 확보**
- 서울 중심이 아닌 "**전국형 사관학교**" 모델 정립
- 지방 출신 청년의 국방 진입 장벽 해소
- 당일 통학 및 주말 귀가가 가능한 접근성 기반 훈련체계 구축

❑ **병참 및 동원 효율성**

오송은 한반도 중심에 있어 **동부전선과 서부전선**까지 동일 시간대 도달이 가능하다.

유사시 병력, 물자, 탄약, 의료체계가 동시에 집결 가능하며 철도·도로망의 전략적 합류지라는 점에서 **전시 동원 전략지점**으로 완벽하다.

3. 충북-충남의 지리적 중간자이자 교차축

오송은 단순히 충북 내의 교통요충지가 아니다. 청주·세종·대전·논산·계룡을 연결하는 **충북—충남 전략 교차축**의 중심이다.

❏ 오송세종논산 라인

거 점	기 능
오송	육사(예정) – 교육·병참 중심지
청주	공군사관학교 – 항공·우주교육
세종	국방정책·행정지원 허브
계룡	국방부 본청, 합참 – 작전지휘 본부
논산	훈련소, 병참기지 – 전력 집중 기지

오송을 중심으로 한 이 5개 도시는 방사형 클러스터 구조를 형성한다.

❏ 충북·충남의 입체적 연계
- 충북은 교육, 항공, 연구기관 중심
- 충남은 지휘, 작전, 병참 중심

✔ 오송은 그 경계를 넘는 **"전략 연결자"**이며, 행정구역의 경계가 아니라 전략 축의 중심으로 기능할 수 있다.

4. 철도 + 방산 + 과학 = 대전의 진화

오송의 위쪽에 자리한 대전은 코레일과 현대로템의 본거지다. 이 두 기관을 연결하면 철도 + 무기 + 로봇이 결합된 하이브리드형 군수산업 생태계를 구축할 수 있다.

❑ 코레일 + 로템 연계

기 관	주요 기능
코레일	전국 철도 운행·유지 총괄, 전시 수송계획 수립 가능
로템	KTX, 전차, 장갑차, 무인전투로봇 등 국산 방산 기술 보유

✔ 대전은 철도운영 + 방산제조 + 과학기술이 융합되는 AI 기반 자율형 전투차량, 군수열차, 무인 병참기술 개발의 전진기지가 된다.

❑ 전시 군수철도망 구축
- 오송계룡~영동을 잇는 군수물류벨트 구축
- 철도망을 활용한 탄약, 식량, 인원 수송체계 개발
- 로템 + 코레일 연합으로 군–민 융합형 전시운송 시스템 설계 가능

5. KAIST + 오송 + 군사교육의 삼각 구조

이 클러스터의 과학적 중심은 KAIST다. 오송 육사, 대전 로템·코레일, 청주 공사와 함께 **'과학기술 기반 국방교육 3각형'**을 형성한다.

분야	연계 예시
AI · 자율무기	KAIST 국방AI센터 ↔ 로템 ↔ 육사 연구소
사이버 · 양자	KAIST 양자센터 ↔ 합참 사이버사령부
드론 · 로봇	KAIST 휴먼로봇센터 ↔ 공사 + 군수사령부

✔ 이 구조는 기초연구 → 적용기술 → 실전훈련 → 작전배치까지 국방기술의 풀라인을 충청권 내부에서 처리 가능한 생태계를 완성한다.

6. 결론 : 오송은 교통이 아니라 전략이다

"오송은 한반도 교통의 심장이고, 충북과 충남의 중심이며, 육군의 교육, 철도의 산업, 국방의 과학이 교차하는 대한민국의 허리이다."

오송은 기차를 타는 역이 아니라, 국가의 전시 대비와 지역 균형발전, 과학기술 융합 국방전략이 만나는 전략 거점이다.

✔ 수도권 중심의 안보 패러다임에서
  → 충청 중심의 분산형 국방 · 과학 클러스터로
  → 대한민국은 평시에도 진화하고, 전시에도 작동하는 국가로 전환된다.

❖ 정책적 당위 요약

항 목	정당성
오송역 입지	전국 2시간 진입 가능, 철도분기 중심, 병참 최적지
충북–충남 균형	행정구역 초월한 전략 연계, 권역 통합 모델
철도 · 방산 연계	코레일+로템+대전+카이스트의 기술 융합 허브
교육력 강화	육사+공사+KAIST의 삼각 구조, 과학 기반 군사교육 실현

CHAPTER 13

무기를 파는 나라

▶K-Defense Economy, 수출형 국방경제 전략의 시대

1. 방위산업은 더 이상 비용이 아니다

한때 방위산업은 국가 안보를 위한 필수적 지출, 즉 '비용'으로만 여겨졌다. 그러나 지금은 다르다.
전 세계는 무기를 '사는 나라'와 '파는 나라'로 나뉘고 있으며, 그 구분은 곧 경제력, 외교력, 기술력의 우열을 결정짓는다.

대한민국은 이제 국방비를 쓰는 나라에서, 무기를 수출하는 나라로 도약하고 있다. 그리고 그 기반은 충청권 국방·과학 클러스터(K-Defense Tech Belt) 위에 놓이게 될 것이다.

2. 무기 수출은 산업이자 외교다

2022년, 대한민국은 방산 수출액 170억 달러를 돌파했다. 이는 세계 8위권 수준이며, 폴란드 · 노르웨이 · 아랍에미리트 등과 대형 계약을 체결한 결과다.

수출 품목은 단순 무기가 아니다.

- K9 자주포 → 유럽에서 가장 많이 팔린 포병 전력
- FA-50 경공격기 → 폴란드 · 말레이시아 등 아시아 · NATO 시장 진출
- K2 전차, 천궁 미사일, 호위함, 탄약, 레이더 등 다양한 체계형 구성

✔ 이는 대한민국이 무기를 통해 외교적 신뢰와 기술적 파트너십을 동시에 획득하는 방식이다.

3. K-Defense Economy란 무엇인가?

K-Defense Economy는 단순히 국산 무기를 파는 것을 의미하지 않는다.

다음과 같은 5가지 특징을 가진 **복합 전략 산업 구조다.**

구성 요소	설 명
기술 주권	국산 플랫폼 기반 무기체계 확보(전차, 전투기, 레이더 등)
산업 생태계	현대로템, 한화, LIG넥스원, ADD, 중소 협력사 등으로 구성된 제조-개발 체계
수출 외교	방산 수출을 통한 양자 외교 강화(폴란드, 사우디, UAE 등)
지역 균형	충청·창원·광주 등 주요 생산지역의 고급 일자리 창출
통일 대비	전시 생산 및 운용 역량의 내륙 분산 기반 확보

4. 왜 충청권이 중심이 되어야 하는가?

앞서 살펴본 오송청주세종으로 이어지는 국방클러스터는 K-Defense Economy의 제조, 설계, 연구, 병참, 정책이 집약된 완성형 플랫폼이다.

- 대전 : 현대로템(무인전투로봇), 코레일(전시수송), KAIST(국방AI)
- 청주 : 공군사관학교, 드론훈련, 우주전력기지
- 계룡 : 국방부, 합참, 지휘본부
- 오송 : 육사이전, 병참거점
- 세종 : 국방정책 행정조정 기능

✓ 이 다섯 도시는 함께 움직일 때 세계 무기 시장의 중심지로 작동할 수 있다.

5. 수출형 방위산업의 세 가지 조건

대한민국이 '무기를 잘 팔기' 위해선 다음 조건을 충족해야 한다.

❑ **기술력 = 신뢰력**
- 품질과 납기, 유지보수까지 모두 관리되는 체계형 무기 수출 모델 필요
- ADD · 한화 · 현대로템 등 민 · 관 · 연 협력 강화

❑ **공급망 = 외교망**
- 유럽, 중동, 아시아 등 수출국의 안보환경 · 전략 니즈에 맞춤형 제품 설계
  - 예 폴란드 → 러시아 견제용, 사우디 → 드론 방어용, UAE → 항공 훈련용

❑ **생산기지 = 내륙 중심 다핵 구조**
- 창원, 대전, 오송, 영동, 계룡 등으로 위험 분산형 생산망 구축
- 수도권 집중 해체 + 지역 균형 + 안보 레질리언스 확보

6. 국제 파트너십 모델 구상

대한민국은 이제 방산 분야에서 다음과 같은 **전략적 블록**을 형성해야 한다.

파트너	협력 구조
NATO 동유럽국	무기체계 수출+합동훈련+기술이전(폴란드, 루마니아 등)
중동국가	레이더·무인기·방공체계 수출+공동개발(UAE, 사우디 등)
동남아시아	경공격기·기갑차량 공급+조립공장 투자(필리핀, 말레이시아 등)
미국	탄약·부품 공급망 구축+공동전력 훈련(전시 보급 연계)

✔ 방산은 단지 무기 계약이 아니라 경제·외교·군사 협력의 하이브리드 모델이다.

7. 방산이 지역을 바꾼다

무기를 파는 건 국방부가 아니라 지역 클러스터 전체다.

지역	기능	기대 효과
오송	교육+병참	육사 이전, 청년 유입, 병참산업 고도화
청주	항공·우주	공사 확대, 드론·항공기 훈련기지화
대전	제조+기술	방산+로봇+철도 융합, KAIST 연계 개발
계룡	작전+행정	국방부 본청+합참 분산배치
세종	정책+행정	방위산업청, 국방기획연구소 유치 등

✔ 이 구조는 방산이 수도권 집중을 해소하고, 고급 지역 일자리를 창출하며, 청년에게 산업적 희망을 주는 유일한 산업이라는 것을 보여준다.

8. 결론 : 무기는 국익의 수단이자 지역의 성장엔진이다

"전쟁은 피해야 하지만, 무기는 준비해야 한다. 그리고 그 무기는 잘 팔려야 한다."

K-Defense Economy는 단지 수출의 문제가 아니다.
한국형 국방경제 모델은 안보 · 기술 · 산업 · 외교 · 균형발전을 동시에 실현하는 국가전략이다.

그 중심은 충청권이며, 그 기반은 기술, 그리고 그 다음은 사람과 도시의 연결이다.

CHAPTER 14

광주,
기술·소비·문화로 다시 태어나다

▶ AI 데이터허브, 유통중심, 문화도심으로 가는 세 가지 축

1. 지역도시는 수도권과 경쟁할 수 있는가?

수도권 집중은 한국 사회의 가장 구조적인 병목이다. 그에 맞서는 지역 전략은 오랫동안 "규제 완화", "이전", "균형발전"이라는 말로 포장되어 왔지만, 실제로 지방이 수도권과 대등한 콘텐츠·기능·경쟁력을 갖춘 사례는 드물었다.

이제는 기능을 나누는 분산이 아니라, 역량을 갖춘 집중을 선택해야 한다. 광주는 그 새로운 모델을 시도할 수 있는 유일한 남부 거점도시다.

2. 기술의 축 : 평동 AI 데이터센터

❏ **사업 개요**
- 위치 : 광주 평동산업단지 인근
- 목적 : 국가 AI 인프라 핵심기지, 남부권 데이터허브
- 성격 : 공공·민간 혼합형 국가연구망＋클라우드 집적지

광주는 이미 정부의 AI 중심 산업도시로 지정되어 있다. 이재명 더불어민주당 대선공약(2022년)에서도 "지역 균형 발전을 위한 AI·데이터센터 인프라 구축"이 명시되었다.

❏ **입지 타당성**
- 지하수·산업용수 풍부 → 서버 냉각 최적 조건
- 산업단지 기반의 전기, 토지, 통신 인프라 사전 확보
- 기존 산업단지와의 에너지·물류 네트워크 연계 용이

❏ **기대 효과**
- KT, NHN, 카카오 등 민간 기업 데이터센터 유치 가능성
- 광주과학기술원(GIST), 조선대 등 AI학과 졸업생 정착 고용 경로 확보
- AI 바이오, 제조지능형, 자동화 스타트업의 창업 기반 확대

✔ 이곳은 '산단'이 아니라, 데이터가 흐르는 공장 없는 산업도시의 출발점이다.

3. 소비의 축 : 하남 코스트코 유치

❑ 입지 개요
- 위치 : 광주 하남공단 인근, 수완지구 생활권 경계부
- 목적 : 대형 글로벌 유통기업 유치를 통한 소비자 편의 향상+상권 활성화

하남공단은 4만 명 이상의 중산층 근로자가 있는 지역이며, 수완지구는 15만 명 이상의 소비 인구를 가진 생활 중심지다.

❑ 타당성 근거
- 지하철 2호선 연장 노선과의 인접성 → 대중교통 접근성 강화
- 차량 이동 편의성+수완지구의 자가 소비 기반을 동시에 확보
- 코스트코 입점 시, 대규모 고정 소비자 유입+상권 재편 유도

❑ 기대 효과
- 서울/경기 중심 소비문화의 분산 효과
- 하남공단 직장인 대상 창고형 소비+편의형 쇼핑 모델 결합
- 수완지구 유동 인구 확대 → 중소상권 파급 효과+자영업 투자 유도

✔ 코스트코는 단지 대형 마트가 아니다.
광주의 유통지도와 소비심리를 구조적으로 전환시키는 소비 기반시설이다.

4. 문화의 축 : 더현대 김대중점 유치

❏ **입지 구상**
- 대상 부지 : 김대중컨벤션센터 제2센터 또는 옛 전남도청 복합 부지
- 브랜드 : 현대백화점 프리미엄 라인 '더현대'
- 형태 : 쇼핑＋공연＋전시＋컨벤션＋청년창업 기능의 문화경제 복합 공간

북구는 광주 내에서 상대적으로 상권이 약한 지역이다. 그러나 아시아문화전당, 김대중컨벤션센터, 국립아시아문화원 등이 인접해 있어 MICE산업(MICE : 회의, 전시, 컨벤션, 이벤트) 복합화에 가장 적합한 입지다.

❏ **타당성**
- 김대중 브랜드 인지도와 국제적 상징성 보유
- 문화·컨벤션 중심 도시 재구성 가능성
- 광주 북구남구 간 문화축 연결 → 제2도심 전략 실행

❏ **기대 효과**
- 청년 문화시장, 미디어아트, 창작경제의 허브 공간 확보
- 서구·북구·남구 연계를 통한 도심 균형 발전
- 복합공간 기반의 신규 일자리 창출＋예술·유통 융합사업 유치

✔ 더현대 김대중점은 단지 백화점이 아니다. 광주를 '문화가 소비되고, 기획되고, 실험되는 도시'로 바꾸는 상징 시설이다.

5. 세 축의 결합 : 하나의 도시 전략

지역 권역	핵심 기능	대표 사업	기대 효과
서남권(평동)	기술	AI 데이터센터	첨단산업 육성, 디지털허브화
동북권(하남)	소비	코스트코 유치	상권재편, 생활경제 중심지화
북구 중심축	문화 · 경제 복합	더현대 김대중점	제2도심 형성, 청년문화 · MICE 허브화

이 세 축은 광주의 동맥이자 신경망이다.

각 권역이 독립된 기능을 갖되, 교통과 문화, 소비, 산업을 공유할 때 광주는 **단일한 생활도시를 넘어 '기능 도시들로 구성된 도시 플랫폼'**으로 진화하게 된다.

6. 교통과 공간 전략

좋은 입지에는 교통이 따라야 한다. 세 축을 연결하는 교통망 설계는 다음과 같다.

- 지하철 2호선 연장 : 하남공단 · 수완지구 연계 → 유통 · 주거 동시 접근성 확보
- 서광주역~송정역 셔틀 트램 도입 검토 : 평동시청 간 고속환승 확보
- 김대중점~아시아문화전당 문화셔틀 : 도심 MICE · 전시관광 활성화 지원

✔ 이 교통망은 세 권역을 유기적으로 묶고, 광주 전체를 하나의 '도시 네트워크'로 기능하게 만든다.

7. 결론 : 광주, 수도권을 넘는 도시 플랫폼으로

"평동은 대한민국의 AI를 맡고, 하남은 일터와 삶터의 연결점이 되며, 북구는 김대중의 이름 아래 문화경제 도시로 거듭난다."

광주는 수도권의 그림자를 좇지 않아도 된다. 그 자체로 기술이 있고, 소비가 있고, 문화가 있는 도시가 될 수 있다.

이 세 축이 조화롭게 연결될 때, 광주는 남부권을 넘어서 대한민국 전체의 새로운 도시 전략 모델이 될 것이다.

CHAPTER
15

냉기의 도시, 열기의 도시

▶광주 평동 AI·나주 에너지 융합 클러스터 전략

1. 수도권이 아닌 곳에서 기술을 키운다는 것

대한민국에서 '산업'과 '기술'은 너무 오랫동안 수도권에서만 태어나고 자라났다. 연구는 판교, 창업은 강남, 서버는 경기도, 인재는 서울 출신.
이러한 중앙 집중의 시대는 고비용, 고밀도, 고장애의 사회구조로 이어졌다.

이제는 기술이 지방에서도 시작되고 완성될 수 있다는 새로운 증거가 필요하다. 그 가능성의 무대가 바로 광주 평동과 나주, 그리고 그 사이에 놓인 AI와 에너지다.

2. 서남권 AI 복합도시 구상 : 데이터로 시작되는 도시의 구조

광주 평동산단은 기존에는 전통 제조 기반 산업단지였다. 하지만 지금, 이곳은 전국에서도 보기 드물게 AI 데이터센터 인프라와 전력 냉각 자원이 동시에 입지할 수 있는 지역이다.

❑ 전략 개요
- 국가 AI 인프라 핵심거점으로 기능
- GIST, 조선대, 전남대 등과 연계되는 지역 기술 인력 공급 기반
- KT · NHN · 카카오 등 민간 클라우드 기업의 실질적 이전지로 유도 가능성
- 인접 나주의 에너지 국가산단 + 한전공대 + 혁신도시와 유기적 결합

✔ 평동은 '하드웨어로서의 산업지대'를 넘어서 데이터와 에너지가 교차하는 스마트 융합도시로 전환될 수 있다.

3. 입지 타당성 : 물과 냉기, 그리고 확장성

AI 데이터센터의 필수조건은 단 하나, 냉각수와 안정적 전력이다. 이는 수도권에서 가장 부족한 요소이며, 광주 평동은 이 문제에서 자유롭다.

- ❏ 자연환경 기반
  - 지하수·산업용수 풍부 → 냉각 효율성 최적화
  - 남부지방 기온 대비 내륙보다 낮은 열섬저항성 확보
  - 산업용지 확보 여력 충분 → 확장형 서버팜 가능

- ❏ 지리적 연계성
  - 평동 ↔ 송정역 ↔ 광주역 : 도심 접근성
  - 평동 ↔ 나주혁신도시 ↔ 한전공대 : 기술·전력·인재의 삼각 클러스터

✔ 이 입지는 단순히 '싸고 넓은 땅'이 아니다. 서버를 돌릴 냉기와 사람을 키울 온기를 동시에 갖춘 도시 구조다.

4. 교육과 산업을 잇는 구조 : 계약학과 시스템

기술은 사람이 만든다. 따라서 어떤 도시든 기술 인프라만큼 중요한 것은 인재를 공급하는 교육 체계다.

- ❏ 대학–기업–지자체 3각 계약학과 모델
  - 전남대·조선대·한전공대 3개 대학 공동 설립
  - **데이터센터 운영 법인(민간+지자체 컨소시엄)**과 직접 채용 연계

전공 트랙	내 용
AI클라우드 계약학과	서버구조, 인공지능 응용, 운영기술
에너지-데이터 응용학과	한전공대 연계, 그리드 최적화, 에너지예측 AI
국가디지털인프라관리학과	데이터센터 운영, 보안, 공공정보관리 전문가 양성

- 우수 장학생들을 상대로 등록금 반액 지원
- 졸업 후 지역 취업 보장(계약 기반)

✔ 이 모델은 수도권 '학벌' 중심 구조를 벗어나 실력+현장 중심의 인재 배출 모델을 구축한다.

5. 기업에 실질적 유인을 주는 재정전략

지방의 가장 큰 고민은 "기업이 오지 않는다"는 것이다. 그 이유는 대부분 입지보다는 비용과 사람 문제다. 이 전략은 그 두 가지를 동시에 해소한다.

❑ 기업 인센티브 구조

항 목	내 용
세제	취득세·재산세 감면 (최대 10년)
투자	장비·시설 R 세액공제
고용	지역 채용 비율에 따라 **지방보조금 차등 상향**
인재	계약학과 운영 기업에 인건비 보조+훈련지원금
연구	산학연구소 설립 시 **국비 매칭 1:1 지원**

✔ 기업 입장에서 광주는 수도권보다 싸고, 손쉽고, 위험이 적은 AI 실험장이 될 수 있다.

6. 광역교통망 설계 : 데이터와 사람이 흐르는 인프라

기술도시의 핵심은 물리적 연결이다. 사람이 빠르게 오갈 수 있어야 정착률이 높아지고, 교류가 살아난다.

❏ 평동 ↔ 나주 통근철도망
- 경전선 연계 셔틀 전철 도입(20~40분 통근권)
- 나주혁신도시 ↔ 평동산단 간 환승 없는 직결 교통 설계

❏ 평동 ↔ 광주송정역 고속연계
- BRT · 셔틀버스 도입
- 송정역 KTX 이용 시 서울 1시간 40분, 세종 1시간 10분 이내
- 서울 관리자층의 일시적 출근, 분산근무 가능성 확대

✔ 교통은 산업만이 아니라 관리자, 투자자, 청년층의 움직임까지 고려한 생활형 연결망이 되어야 한다.

7. 기대 효과 : 서남권 산업지형 재편

분야	효과
산업	데이터+에너지 융합산업 → 남부권 최대 규모 스마트 단지
교육	지역 대학과 산업 실질 연계, 수도권 학벌 의존도 감소
고용	청년 고급 일자리 확대+서울-광주 간 유연 출퇴근 가능
교통	평동광주 도심권 통근벨트 완성
지역균형	서울 중심 인재·기업·산업 구조에 대응하는 자립형 모델 구축

✔ 수도권의 대안은 복제가 아니라 새로운 조합에서 나온다. AI와 에너지, 인재와 교통이 융합된 서남권만의 실험이 시작된 셈이다.

8. 결론 : 차가운 데이터와 뜨거운 에너지, 그리고 사람

"평동은 AI의 심장이고, 나주는 에너지의 허리다."
"중앙정부의 눈치를 보지 않고도 광주와 나주가 스스로 산업과 인재를 키워낼 수 있어야 한다."

이제 지역은 중앙이 설계하는 도시가 아니라, 스스로 생태계를 설계하는 실험장이 되어야 한다.

평동에서 데이터가 돌고, 나주에서 에너지가 흐르고, 전남대·조선대·한전공대에서 사람이 자란다면, 그 구조만으로도 광주는 서울과 다른 방식으로 미래를 준비하는 도시가 될 수 있다.

CHAPTER

16

철도는 산업을 잇고, 사람을 정착시킨다

▶ 광주~나주 광역철도 3단계 전략과 서남권 AI·에너지 플랫폼

1. 혁신은 도시 하나로는 불가능하다

AI도, 에너지도, 기술도시는 단일 도시 안에 갇혀선 자라지 않는다. 지속가능한 산업도시는 언제나 '도시 간 연결' 속에서 탄생한다.

광주가 기술의 심장이 되고, 나주가 에너지의 허리가 될 수 있는 이유는 바로 그 사이에 철도라는 동맥이 설계되고 있기 때문이다.

광주–나주 광역철도 1호선은 남부권 최초의 AI–에너지–인재–산업이 융합된 도시 혁신 철도 플랫폼이다.

2. 전략 개요 : 철도로 하나가 되는 두 도시

항목	내용
노선명	광주-나주 광역철도 1호선(가칭)
총 길이	약 35~45km 예상
건설 단계	1차 : 광주혁신도시 / 3차 : 나주역~혁신도시 직접 연결
목표	AI 인재 통근, 에너지 산업 연결, 혁신도시 정착률 향상

이 노선은 단순한 출퇴근 철도가 아니라 산업 · 교통 · 교육 · 환경을 통합하는 전략 인프라다.

3. 3단계 구축계획의 의미

- ❑ **1차 : 광주 ↔ 나주역(기존 경전선 개량)**
  - 경로 : 광주송정-평동-나주역
  - 기능 :
    - 광주 도심 · 송정역에서 나주역까지 20분 내 통근
    - 평동 AI 데이터센터, 한전공대 출근권 보장
  - 인프라 개선 :
    - 경전선 복선화 및 전철화
    - 광주지하철 2호선과 환승체계 구축

✔ 이 단계는 "기초 연결"이다.
도시를 물리적으로 가깝게 만들고, AI 중심 이동을 현실화하는 기반이다.

❏ 2차 : 광주 ↔ 나주혁신도시(신규 노선)
- 경로 : 상무지구-송암-평동-나주혁신도시
- 기능 :
  - 혁신도시 공공기관 직원+가족의 통근·정주 인프라
  - 청년층의 여가·교육·문화 접근성 향상 → **정착률 상승**
- 핵심 : 평동 AI 융합지구 ↔ 나주 에너지 클러스터 직결
- 기반시설 : 빛가람 중심부에 복합역사형 환승센터 구축

✔ 이 단계는 "도시 간 삶의 연결"이다.
철도를 통해 생활·직장·문화가 하나의 루프로 이어지게 된다.

❏ 3차 : 나주역 ↔ 혁신도시 직접연결선(셔틀형)
- 거리 : 7~9km 단거리
- 방식 : 경전철, 도심형 트램, 셔틀형 열차 중 검토
- 기능 :
  - KTX·SRT 이용객의 혁신도시 진입 최종 연결
  - 공공데이터센터, 에너지기관 방문자 편의 확보

✔ 이 단계는 "마지막 연결"이다.
사람의 흐름, 기관 방문, 투자자 출입을 원활하게 만드는 **디지털 행정도시 기반철도**다.

4. 철도 + 전력 + 데이터 통합 모델 : 에너지 레일 전략

이 노선은 단지 사람만 실어나르지 않는다. 에너지와 데이터, 물류, 산업 전선까지 같이 흐르게 설계된다.

❑ 핵심 개념 : 에너지-레일 통합 전략

구성 요소	기 능
전력망	나주~광주 철도 선로와 병행한 스마트 그리드 기반 송전
데이터망	데이터센터↔연구기관 간 초고속 통신망 매설 병행
수소·ESS 기술	일부 구간에 수소트램, 배터리형 열차 도입 시범 운영

✔ 이 철도는 단지 레일 위의 열차가 아니라 **"전력과 데이터가 흐르는 통합 산업 회랑"**이다.

5. 정책 기반과 완벽한 연계성

이 광역철도 구상은 단독 인프라가 아니다. 앞서 설계된 서남권 전체 전략과 정합적으로 맞물린다.

전략 요소	연계 내용
평동 AI센터	전국 인재 유입 위한 핵심 교통망 필요
나주 에너지벨트	공공기관, 연구소 집중 → 대중교통으로 지원
전남대 · 조선대 · 한전공대	졸업생 출퇴근권 확보 + 채용 연계 교통 인프라
송정역-평동-나주	서울 · 세종 관리자급 출입 루트 고속화
인재 순환 구조	정주 → 이탈 방지 + 지역 내 산업-교육 순환 시스템 구축

6. 기대 효과 : 도시를 하나로, 산업을 하나로

분야	효과
교통	광주-혁신도시 간 3각 순환망 → 20~30분 출퇴근권 완성
산업	AI-에너지 클러스터 내 연결 → 기업 입주 + 투자 유인 증가
정주	거주지-직장-생활권 일체화 → 이직률 감소, 가족 정착 증가
환경	친환경 열차 도입 → 교통의 탄소중립 실험장 가능성
미래성	도심철도 + 산업회랑 + 문화이동 → 복합 네트워크 도시화 실현

✔ 이 철도는 "출퇴근 수단"이 아니라 **"도시와 산업, 사람과 데이터, 에너지와 기업을 하나로 묶는 전략적 회랑"**이다.

7. 결론 : 철도는 도시가 아닌 도시 사이를 만든다

"지하철이 도심을 잇는다면, 광역철도는 산업을 잇는다."
"광주가 기술을 품고, 나주가 에너지를 담고, 철도가 그것을 연결한다."

1차는 기반을 닦고,
2차는 도시를 만들며,
3차는 사람을 완성한다.

광주–나주 광역철도는 남부권 최초의 산업–기술–인재 연결 도시 혁신 플랫폼이다. 그리고 이 철도 위에서 대한민국 서남부의 미래가 움직이기 시작할 것이다.

CHAPTER 17

전기가 흐르면 도시가 움직인다

▶ 해남·보성·나주를 연결하는 전남 에너지 순환벨트 전략

1. 전기는 만들어야 한다. 그리고 흘러야 한다

AI도 산업도, 도시도 결국 전기로 작동한다.
그 전기는 눈에 보이지 않지만, 국가의 심장처럼 모든 영역에 영향을 준다.

대한민국의 전력은 지금도 수도권과 대도시에 집중되고 있고, 그 공급은 원전, 석탄, 가스에 편중되어 있다.

이제는 지역 분산형 재생에너지 체계, 그리고 전력 생산–집적–활용까지 이어지는 하나의 도시권이 필요하다.

전남 해남-보성-나주는 그 새로운 에너지 순환체계의 출발점이자, 회로이며, 두뇌가 될 수 있다.

2. 해남 : 바람과 파도와 태양이 만나는 곳

❑ 입지 조건
- 해남군 송지면, 화산면 일대는 서해 · 남해 접경지대
- 바람, 파도, 일조량 3요소가 최고 수준
- 간척지, 국유지, 산림 완충지대 → 확장형 부지 확보 가능

❑ 발전 구성

에너지원	적용 방식
풍력	산지 · 해안 융합형 + 해상풍력 확장 가능
파력	방파제 기반 소규모 발전기 → 향후 확대형
태양광	대지형, 수상형, 건물형 복합 적용

✔ 단일 발전원이 아니라, 복수 재생원이 동시에 구축되는 국가 유일의 복합 클러스터가 가능하다.

❑ 운영 모델
- 지자체 + 한전 + 민간(한화 · 두산 등) 합작법인 구성
- 전력거래소 + 에너지공단 기술지원
- 예상 발전량 : 연 2~3TWh 이상 → 전남 3개 시군 자립률 100% 초과 가능

3. 보성 : 전력을 모으고 나누는 에너지 허브

해남에서 생산된 전기는 곧바로 산업단지로 흐르지 않는다.
그 전류는 모이고 정제되고 조정되어야 한다.
그 중간 분기소이자 전력 교차점이 바로 보성이다.

❏ 입지의 전략성
- 해남-나주 중간
- 산지 기반, 지진 위험 낮고 냉각 안전
- 고속도로 및 광역도로망과 연계 가능

❏ 구축 인프라

설비명	기능
고압변전소	전력 변환 및 송전 효율화
전력 집적소	해남·나주·타지역 전력 집계
스마트그리드센터	수요예측·전력분산 알고리즘 운영
ESS 저장시설	피크타임 전력 분산, 안정화
수소혼합 테스트베드	미래형 수소-전력 복합기술 적용

✔ 보성은 이제 전기를 흘려보내는 도시가 아닌, 전기를 조율하는 도시, 전력의 허리가 된다.

4. 나주 : 에너지를 기술로 바꾸는 도시

전기를 가장 잘 쓰는 도시가 에너지 수도다.
나주는 한국전력 본사, 한전공대, 에너지국가산단을 가진 **대한민국 유일의 '전력 활용 중심 도시'**다.

❏ 역할 정리

기관	기능
한전 본사	전국 전력망 실시간 조정, 공급계통 운영
한전공대	AI · 데이터 기반 에너지효율화 기술 개발
에너지산단	스마트그리드 · 전력반도체 · 배터리 상용화 연구

✔ 해남이 만들고, 보성이 나르고, 나주는 그것을 고도화한다.

5. 교통 · 전력 동시 연결 : 회로를 현실로

전기만 흐르면 안 된다. 사람과 기업, 기술자도 함께 움직일 수 있어야 한다.

❏ 철도 연계
- 보성~나주 광역철도 직결화 추진(셔틀형 고속 트램 검토)
- 보성~해남 BRT 및 광역고속도로 정비
- 나주혁신도시 환승센터+KTX 송정 연계 노선 확장

❑ 전력망 구축
- 보성~나주 구간 재생에너지 송전 전용망 부설
- 전력 통신+데이터 통신 통합 회랑 설계 가능
- R 공공데이터센터, 국가전력시뮬레이션 센터 연계

6. 기대 효과 요약

항목	효과
에너지 자립	3개 시군 합산 자립률 200% 도달 가능
신산업 유치	파력, 풍력, ESS, 수소·그리드 융합기업 유입
교통 연계	해남나주 순환형 산업축 완성
청년 정착	에너지 계약학과 → 채용 연결 구조 정착
탄소중립	RE100 전용지대 조성 → 국내외 ESG 투자 유치 가능

✓ 이 전략은 "전기만 많은 지역"이 아니라 전기를 '국가 산업 전략'으로 전환할 수 있는 구조화된 도시 회로를 만든다.

7. 결론 : 에너지는 흐를수록 도시를 만든다

"해남이 전기를 만들고, 보성이 나르고, 나주가 미래를 만든다."
"재생에너지의 바람과 파도가 해남에서 시작되고, 보성은 흐름을 조율하며, 나주는 그것을 기술로 바꾼다."

세 지역은 더 이상 따로 존재하지 않는다. 이제는 전기와 산업과 사람이 함께 움직이는 '에너지 순환 도시'라는 하나의 생명체로 진화하고 있다.

CHAPTER 18

서남권을 하나의 인공지능 도시로

▶ 광주·나주·보성·해남·전주·익산을 잇는 AI 벨트 전략

1. 인공지능 산업은 단일 도시에 갇힐 수 없다

AI는 서버 한 곳에만 존재하지 않는다.
AI는 데이터가 모이는 곳에서 연산되고, 에너지가 흐르는 곳에서 유지되며, 사람이 일하는 곳에서 의미를 갖는다.

따라서 AI는 단일 도시 산업이 아니라, 도시 간 연계로 완성되는 인프라 산업이다.

광주보성전주~익산으로 이어지는 서남권 AI 벨트는 기술, 에너지, 농생명, 교통, 인재가 결합되는 전국 유일의 AI 융합 특화 지대다.

2. 벨트의 구조 : 6도시, 3기능, 1망

도시	기능
광주	AI 핵심처리(데이터센터), 클라우드 인프라
나주	에너지 공급(전력, ESS), 한전공대 기반 연구
보성	농식품 AI 테스트베드, 드론농업 시범지
해남	태양광·풍력 등 신재생 발전 클러스터
전주	문화AI·행정AI 콘텐츠 허브
익산	식품 AI+물류 AI 연계 거점

이 여섯 도시는 하나의 '도시'가 아니라 서로 역할을 분담한 분산형 스마트 지구로 설계되어야 한다.

3. 각 도시별 전략 구상

❑ 광주 : 두뇌 역할을 하는 중앙 AI 연산 거점
- 평동 AI 데이터센터 → 고성능 GPU 연산 집중지
- 광주과학기술원(GIST), 조선대 → AI 기초 알고리즘 개발
- 스타트업 클러스터 유치 → 모델 개발·튜닝 생태계 구축

❑ 나주 : 전력을 AI로, AI를 전력으로
- 한전공대 + 에너지국가산단 → 전력 AI, 에너지관리 AI 개발
- ESS, 스마트그리드 → 데이터센터 지속 가동 기반
- 전력 수요예측, 탄소중립 최적화 모델 연구 특화

❑ 보성 : 농업도 AI를 만난다
- 드론, 자동화 관개, 생육 모니터링 시스템 시범 적용
- 농생명 빅데이터 기반 작황 예측, 유통연계 최적화 실험
- 청년 스마트농업 창업 유치

❑ 해남 : 태양과 바람, 그리고 AI
- 풍력+태양광 복합발전 → 전력생산 데이터 실시간 AI 관리
- 기상 AI, 출력예측 AI, 분산제어 AI 개발
- 광주~해남 전력 라인 최적화 실험 플랫폼

❑ 전주 : 콘텐츠 · 문화 AI 허브
- 전주국제영화제+전통문화 콘텐츠 → 창작 AI 학습 소스 공급지
- 행정 AI(도민 민원예측, 복지 배분) 실험
- 전북대+전주시+스타트업 연계

❑ 익산 : 식품산업과 물류의 AI화
- 국가식품클러스터+물류단지 → 스마트 유통, 최적경로 모델 실험
- 중소식품기업 맞춤형 AI 솔루션 공급 시범지
- 전북 중서부 산업권의 유통 · 물류 AI 중심지화

4. 연결의 전략 : AI 벨트는 '망'으로 움직인다

AI 벨트는 도시 기능뿐만 아니라 **데이터, 전력, 교통, 사람의 이동을 위한 망(망상 연결 구조)**이 필수적이다.

☐ **데이터망**
- **고속통신망(전용 광케이블망)**으로 6도시 AI센터 실시간 연동
- 각 지역센터가 분산저장＋중앙연산 역할 병행(Multi-node AI)

☐ **에너지망**
- 나주보성~광주 간 ESS＋스마트그리드 연계
- 신재생 전력의 변동성을 AI가 실시간 예측하고 균형 조정

☐ **교통망**
- 광주나주 간 BRT · 복선철도 정비
- 광주보성 간 광역교통망 신설 추진

☐ **인재망**
- 전남대–한전공대–전북대–GIST 공동교육과정 신설
- AI융합대학원 → 공동 프로젝트 수행 → 기업 파견 → 취업 연결

5. 기대효과 : 수도권 외 최초의 'AI 도시권' 출현

분야	기대 효과
산업	AI 기반의 스마트농업, 스마트에너지, 스마트식품 생태계 완성
교육	공동 교육과정+지역대학 경쟁력 강화+고급인재 정착
교통	광역 도시 간 순환형 교통망+출퇴근권 확보
지역균형	수도권 중심의 디지털 경제 구조에 대응 가능한 서남권 독립축 형성

✓ 이 구조는 '제2의 판교'가 아니라 판교와도 다른 기능적 복수도시형 스마트 네트워크 도시를 의미한다.

6. 결론 : AI는 서울이 아니라, 광역지대에서 태어난다

"AI는 단일 건물 안에서 자라지 않는다. 도시 간의 연결 속에서, 기술과 사람이 흐르는 곳에서 태어난다."

광주에서 연산이 시작되고, 나주에서 전력이 공급되고,
보성에서 농업이 실험되고, 해남에서 자원이 만들어지고,
전주에서 콘텐츠가 기획되고, 익산에서 물류가 최적화된다.

✓ 이 모든 연결이 서남권을 전국 최초의 다핵형 AI 벨트 도시권으로 만든다.

CHAPTER 19

연결이 완성될 때, 벨트는 작동한다

▶ 서남권 AI·에너지·산업 도시권을 위한 광역교통망 전략

1. AI 벨트는 물리적 연결 없이는 작동하지 않는다

기술은 '연결' 속에서 기능한다. 도시 간 데이터는 통신망을 타고 흐르고, 사람과 자원은 도로·철도·셔틀을 통해 이동한다.

따라서 광주보성전주~익산을 하나의 AI·에너지 클러스터로 실현하기 위해서는 **디지털 연결(데이터망)**과 동시에 **물리적 연결(교통망)**이 반드시 병행되어야 한다.

제19장은 이 여섯 도시를 실질적인 하나의 생활·산업권으로 묶는 교통 전략을 제안한다.

2. 기본 구상 : 3대 축 + 2개 순환망

구 분	설 명
세로축	광주–나주–보성–해남(남해축, 산업·에너지 중심)
가로축	익산–전주–나주–광주(호남축, 교통·AI 연산 중심)
사선축	익산–보성–해남 연결 가능성 검토(남북 산업물류 대각선)
내부 순환망 1	광주–나주–보성 간 BRT 순환망 구축
내부 순환망 2	광주–전주–익산 간 경전철 혹은 고속 간선버스망 구축

✔ 이 구조는 산업도시 간 '30분–1시간 생활권' 실현을 목표로 하며, 출퇴근 + 물류 + 기업 이동 + 학생 통학 + 투자자 출입이 가능한 시스템을 지향한다.

3. 주요 연결축별 전략

❏ 광주–나주–보성 축(AI + 에너지 동맥)
- 경전선 복선화 및 전철화
- 광주송정–나주–보성 셔틀형 급행열차 도입
- 광주지하철 2호선 연장 → 나주혁신도시 환승 허브화

✔ 목적 : 개발자, 연구원, 에너지기업 근무자의 20~30분 출퇴근권 보장

❏ 광주–전주–익산 축(AI + 콘텐츠 + 물류 연결선)
- 광주~전주 고속도로 정비 + BRT 버스 노선 신설

- 익산~전주 간 도시간 급행노선 확장(익산 물류단지 연계)
- 광주익산 간 도시간 AI 공동캠퍼스 셔틀 구축

✓ 목적 : 콘텐츠 산업 종사자 + 대학생 + 창업인재 교류 가속화

❑ **해남광주 연결축(에너지기술 산업선)**
- 보성~해남 간 도로 확장 + 남해권 수소·풍력 단지 접근성 개선
- 광주~보성간 광역 환승 체계 정비
- 광주송정~해남 간 광역 셔틀·관광 BRT 추진

✓ 목적 : 에너지 관련 기업의 물류·전문가 이동, 관광·지역민 출입 통합 시스템

4. 교통망 + 산업망 연계 모델

도시	연결 방식	연계 산업
광주	지하철 2호선 + 송정역 KTX	데이터센터 운영자, 중앙 출입 관리자
나주	광역셔틀 + 혁신도시 환승터미널	AI 전력, 스마트그리드 개발자
보성	도시간 경전철 + 광역버스	농업기계, 드론산업 종사자, 중소창업자
해남	고속셔틀버스 + 관광환승	에너지기술 전문가, 풍력/태양광 시공단, 지역주민 출퇴근자
전주	전주역 연계 BRT + 지하철 1단계	콘텐츠 제작자, 문화기획자, MICE 행사 관계자
익산	고속도로 BRT + 물류순환열차	물류/식품기업 관리자, AI 유통시스템 운영자

✔ 단순한 교통이 아니라 산업적 흐름이 담긴 교통 설계가 핵심이다.

5. 정책 제안 : "서남권 AI-에너지 교통특구 지정"

☐ 교통특구 지정
- 서남권 AI · 에너지 산업지대 특별교통지구 법적 지정 추진
- 국토교통부＋산업통상자원부＋과학기술정보통신부 공동협의체 구성

☐ 국가재정 매칭 및 광역협약
- 국비 60%＋지자체 20%＋민간 20%로 교통인프라 구축
- 광주 · 전남 · 전북 지자체 간 공동 협약 체결 필요

☐ 운영 모델
- 지역 철도공사＋민간 위탁 운영사 공동관리 모델
- 대학−기업−지자체 출퇴근 시간표 협약제 도입(혼잡 분산형 교통 설계)

6. 결론 : 벨트는 연결될 때 진짜 도시가 된다

"서남권은 도시가 아니라 기능의 집합이며, 그 기능은 사람과 자원과 데이터가 오갈 수 있을 때 하나의 도시처럼 작동한다."

광주는 연산하고, 나주는 전력을 공급하며, 해남은 자원을 만들고, 전주는 문화, 익산은 물류를 조정한다.

이 구조는 6도시가 함께 움직일 수 있는 물리적 인프라가 있을 때만 작동한다.

그리고 그 연결은, 지금 시작되어야 한다.

CHAPTER 20

전략은 법 위에서 작동한다

▶ 서남권 AI·에너지 클러스터를 위한 제도 설계와 특구법 개정 방안

1. 기술과 산업은 제도 없이는 자라지 않는다

어떤 전략도 법과 예산, 제도 없이 작동하지 않는다. 지자체가 아무리 의지를 갖고, 기업이 투자를 원해도 공공정책의 제도적 뒷받침이 없다면 설계는 현실이 될 수 없다.

서남권 AI 벨트와 평동·보성·전주~익산 간 산업 구조는 이제 단지 계획을 넘어서 입법과 제도화의 단계로 진입해야 한다.

2. 제도화 1단계 : 「광역 R 산업특구법」 개정

현행 「지역특구법」은 단일 시·군 단위 중심이다. AI나 에너지 같은 첨단산업은 도시 하나로는 생태계를 완성할 수 없다.

❑ 법 개정 핵심 방향

항 목	개정 내용
특구 규모 요건 완화	시·도 단위, 또는 2개 이상 시군 연계 가능 명시
복합특화지구 허용	산업+교육+교통이 혼합된 복합 특화모델 허용
AI·에너지 특구 신설 조항	디지털 산업 및 그린에너지 융합산업 특례 조항 추가
통합지자체 추진협의체 구성 조항	다지자체형 특구 운영을 위한 특별협약제도 도입

3. 도화 2단계 : 공동 협약 기반의 '초광역 실행 플랫폼'

❑ 주요 주체

- 광주시, 나주시, 보성군, 해남군, 전주시, 익산시
- 전남도청, 전북도청, 광역경제권추진단(국토부 산하)
- 전남대, 한전공대, 조선대, 전북대, GIST
- 기업체 : KT, NHN, 한화에너지, SPC식품, 로컬 스타트업 등

✔ 이들 사이에 다자간 법정 협약체계를 구축해야 한다.

❏ 공동운영 플랫폼 구성안

위원회/기구	역할
서남권 AI-에너지 광역협의체	총괄 정책 방향 수립 및 중복투자 방지 조율
특화사업 운영단	AI, 에너지, 식품, 문화 등 클러스터별 사업 총괄
인재양성 운영단	계약학과, 창업교육, 기업연계 채용 트랙 설계
교통인프라 조정기구	지자체별 교통망 연결+국비 분담안 조율

4. 제도화 3단계 : 재정 투입 체계와 민간 연계

지방재정만으로는 대규모 기반 인프라와 스타트업 생태계 구축이 어렵다. 국비-민자-지방비 3단계 조합이 현실적이다.

항 목	재정구조 예시
AI 데이터센터	국비 40%+기업 40%+지방비 20%
계약학과 운영	국비 50%+대학 30%+기업 20%
광역교통망 구축	국비 60%+광역연계지자체 40%
R 지원금	과기부·산업부 연계, 국비 중심(매칭 필요)

✓ "서남권은 이제 중앙에 기대는 것이 아니라, 공동 책임 기반의 자율 협치 재정 구조로 가야 한다."

5. 특례제도 설계 : 법 위에 서는 지역 실험장

서남권 AI·에너지 클러스터가 단순한 개발계획에 그치지 않기 위해선 '특례도시' 수준의 정책 실험 권한이 부여되어야 한다.

영 역	특례 제안
고용	인건비 보조, 지역채용 인센티브 세액공제 조례화
교육	기업연계형 학위과정 인정, 지방대 연계 인증제 도입
부지 활용	국공유지 우선 매각, 복합지구형 복합건물 허용(R&D+상가+주거)
규제 완화	ICT, 에너지, 로봇 등 3개 분야 규제샌드박스 우선 허용
조세 감면	AI기술 R 30% 세액공제+설비투자 감면(10년)

6. 결론 : 전략이 오래 가려면 제도가 먼저 가야 한다

"기술은 기업이 만들지만, 생태계는 제도가 만든다."

지금까지 구축해온 AI 도시 전략, 에너지 기반, 광역교통망, 교육협약 모델은 제도가 뒷받침되지 않으면 멈추게 된다. 혹은 수도권에 흡수된다.

따라서 서남권이 진정한 **지방 중심의 첨단 산업 벨트**가 되기 위해서는 지금 이 순간부터 '법 위의 전략'을 함께 설계해야 한다.

❖ **요약 명제**

- 전략은 도시를 설계하고, 제도는 도시를 유지시킨다.
- 서남권 AI·에너지 벨트는 행정구역을 넘는 '제도적 연합국'이 되어야 한다.
- 광주, 전남, 전북은 이제 법 위에서 손을 맞잡아야 한다.

CHAPTER 21

여섯 도시, 하나의 두뇌

▶ 서남권 AI·에너지 클러스터 실현을 위한 광역 거버넌스 운영 전략

1. 지역이 연합해야 미래를 만든다

광주 · 나주 · 보성 · 해남 · 전주 · 익산.
이 여섯 도시는 각기 다른 특성과 자원을 갖고 있다.

누군가는 기술이 있고,
누군가는 전력이 있으며,
누군가는 인재와 문화가 있고,
누군가는 식품과 물류의 기반을 갖고 있다.

✓ 문제는 '합쳐지지 않는다'는 데 있다.

각 지자체는 예산도 다르고, 개발계획도 다르고, 사업 방식도 다르다. 하나의 전략이 실행되려면, 하나의 두뇌가 필요하다.

이 장에서는 여섯 도시가 정치적 독립은 유지하되, 전략적으로 통합되기 위한 광역형 실행 거버넌스 모델을 제시한다.

2. 권역형 통합 플랫폼 모델 : 공동 두뇌를 설계하라

❏ 모델명 :『서남권 AI · 에너지 광역특화연합기구』(가칭)

유 형	내 용
법적 성격	지자체 공동출자형 공공운영법인 + 국책연구소 · 대학 · 기업협의회 포함
운영 방식	이사회(시장 · 군수 중심) + 실무단(실장급 + 민간전문가)
지원 체계	국토부 · 산업부 · 과기부의 특구전략과 연계된 연간 국비지원 구조

✔ 수도권처럼 거대한 하나의 광역시가 되지 않더라도, 6개 도시가 공동전략 · 공동 예산 · 공동 투자를 관리하는 실행 두뇌를 가질 수 있다.

3. 실행 기능별 운영 유닛 제안

❑ 클러스터별 운영단 구성 예시

클러스터 영역	주관 도시	운영 기관(예시)
AI · 클라우드	광주	광주정보문화진흥원+GIST
에너지 R&D	나주	한전공대+에너지기술평가원
농식품 자동화	보성 · 익산	농업기술실용화재단+식품클러스터센터
콘텐츠 · 문화 AI	전주	전북콘텐츠진흥원+전주영상위
물류 · 유통 AI	익산	물류공단+중소기업유통센터
교통망 총괄	광주 · 전주	전라권 광역교통정책협의회+민간운수연합체

✔ 각 도시가 주도하고, 공동 출자하며, 실무는 민 · 관 혼합 조직이 수행하는 구조. 중앙정부는 총괄 감시자이자 전략 파트너로 기능

4. 거버넌스의 성공 조건

❑ 정치적 중립성
- 광역 운영단은 시장 · 도지사 교체와 무관하게 유지되는 법인 구조여야 함
- 민간이 일부 출자함으로써 장기 지속 가능성 보장

❑ 이해관계 조정 메커니즘
- 동일사업 다중참여 시 성과기준 배분지표 사전 합의
   예 예산 투입액, 고용 창출, 입주기업 수 등

- '협업보다 경쟁이 더 편한 구조'에서 벗어날 수 있는 정량 모델 필요

❏ **지역 내 이익 배분 구조 설계**
- 로열티, 기술이전 수익, 인재교류 인센티브를 공동 재정 풀로 수렴 후 배분
- 초과 세수·산업 클러스터 수익은 재투자 비율 우선 합의 필요

5. 실행 시나리오 : 단계적 조성 로드맵

연 도	단 계	주요 과업
1년차	조직 설계 및 협약 체결	지자체 간 협정서 작성, 실행 조직 법인화
2~3년차	기반 구축 및 1차 클러스터 개장	평동–나주 데이터·에너지 클러스터 완공
3~5년차	기능 확장 및 교통망 정비	교통망 정비, 계약학과 확대, 공공데이터 개방
5년차~	완전 통합 거버넌스 작동	공동예산 편성, AI 기술 수출, 대외 협력 개시

6. 기대 효과 : 연결된 도시들이 공유한 미래

영역	효과
전략 실행력	단일 프로젝트를 여섯 도시가 함께 소화 가능
경쟁력	개별 도시보다 복합 클러스터 단위로 브랜드 가치 형성
지속성	선거 주기와 무관한 정책 지속성 확보
예산 확보	국비·민자 유치 시 권역 단위 패키지로 접근 가능
대외 협력	글로벌 R&D·투자자 대상 광역 단위 제안서 제출 가능

✓ 개별 도시들은 빠를 수 있으나, 작고 약하다. 연합된 도시들은 느릴 수 있지만, 크고 강하다.

7. 결론 : 여섯 도시의 이름으로 한 전략이 완성된다

"우리는 도시 이름을 외우는 것이 아니라, 하나의 클러스터 이름으로 기억되기를 원한다."
"그 이름은 곧 전략이고, 전략은 곧 미래다."

광주, 나주, 보성, 해남, 전주, 익산.
각기 다르고 흩어져 있던 도시들이 하나의 전략적 의지를 가질 때 대한민국 최초의 광역 AI-에너지 산업국가 모델이 탄생하게 된다.

CHAPTER 22

이제는 수출이다

▶ 서남권 AI·에너지·식품 산업의 글로벌 확장 전략

1. 내수 중심 도시 전략은 한계에 이르렀다

지방 산업은 오랫동안 내수시장, 정부 보조, 지역민 소비에 의존해왔다. 하지만 AI, 에너지, 농식품 같은 고부가 산업은 처음부터 '수출'이라는 확장성을 전제로 설계되어야 한다.

서남권은 이제, 세계로 나갈 준비가 되어 있는 유일한 지역 산업 플랫폼이 되었다.

- 광주는 AI 기술 수출
- 나주는 에너지 시스템 수출

- 전주는 콘텐츠와 문화 플랫폼 수출
- 익산은 농식품과 물류 솔루션 수출

이 장에서는 서남권 전략산업의 글로벌 확장 시나리오를 구체적으로 제시한다.

2. 수출 1 : 광주 AI 기술 모델 수출

❏ 수출 대상 국가
- 동남아시아 : 베트남, 인도네시아, 말레이시아
- 중동권 : 사우디아라비아 스마트시티 구상, UAE 행정 AI 시범국
- 유럽 동부 : 폴란드, 루마니아 등 지방 디지털화 수요 강한 국가

❏ 수출 가능한 모델

기 술	설 명
행정AI	민원예측, 교통신호 최적화, 복지 자동매칭 알고리즘
교육AI	학생 맞춤형 진단·학습 추천 시스템
농업AI	보성·익산 기반 작황예측, 토양분석, 자동관개
의료AI	조선대병원·광주의료원 중심 디지털 건강 모니터링 솔루션

✔ "광주에서 실험된 공공 AI는 '작은 정부를 가능케 하는 디지털 수출 상품'이 된다."

3. 수출 2 : 나주형 에너지 모델 수출

❑ 핵심 수출 구성
- 한전공대+에너지 R 기업+ESS 운영 컨설팅+송배전 설계 기술
- 스마트그리드, 에너지 최적화 소프트웨어, 탄소중립 시뮬레이션 모델

❑ 대상국가 및 협력방안

대 상	협력 내용
베트남	지방도시 스마트그리드 구축+한전형 마이크로 그리드
카자흐스탄	풍력+태양광 복합단지 운영 컨설팅
UAE/사우디	RE100 수요 기업 대상→ 전력분산 설계 납품
유럽 신흥국	수소+ESS 조합 실증 모델 제안 가능

✔ "나주는 전기를 수출하는 것이 아니라, 전력을 운영하는 시스템과 기술, 그리고 사람을 수출하는 도시가 된다."

4. 수출 3 : 익산-보성-전주의 식품 · 문화 산업 수출

❏ 익산 : 식품 AI 및 스마트 물류
- 식품 원재료 → 저장/유통 최적화 → 도매시장/유통망 최적 루트 분석
- 동남아 진출 중소식품기업 대상 패키지 솔루션 수출 가능
- 스마트농업 기기 + AI분석 소프트웨어 동시 제공

❏ 전주 : 문화 콘텐츠 플랫폼
- 전주국제영화제 + 미디어아트 + 퓨전 전통문화 → 한류문화 2.0 수출 핵심
- "콘텐츠 생산 + 데이터 분석 + 소비 트래킹" 통합 플랫폼 가능

❏ 보성 : 드론 농업 패키지
- 드론 기기 + 경작 알고리즘 + 농약/비료 투입 최적화 모델
- 동남아 대농장 대상 스마트농업 전환 솔루션 제공

✔ "서남권은 물건을 파는 게 아니라, 현지화를 포함한 기술 · 노하우 패키지를 판다."

5. 수출을 위한 거버넌스와 투자 전략

요소	전략
전담기관	서남권 수출형 산업진흥원(광주·전남·전북 공동 출자)
투자 모델	글로벌 진출 벤처펀드+기술이전형 외국인 투자유치 패키지
정책 연계	산업부 수출컨소시엄, 농식품부 식품산업 진흥프로그램, 외교부 KOICA 연계 ODA 실증

✔ "국가 프로젝트를 따내는 것이 아니라, 지방이 수출을 기획하고 외교를 리드하는 모델로 나아가야 한다."

6. 실행 시나리오 : 수출형 클러스터 단계별 모델

단계	목표	주요 실행
1단계	AI·에너지 기술 확립	지역 시범도시 완성, 글로벌 인증 확보
2단계	해외 타겟국 설정	동남아·중동 도시 단위 파트너십 체결
3단계	테스트 수출	1~3건 프로젝트 성공 사례 확보
4단계	구조 수출화	국제 전시회·IR·G2G 계약 모델 정착
5단계	확장 전환	로컬 중심 수출→중간거점화(동남아 본부 설치 등)

7. 결론 : 지방이 수출의 주체가 되는 날

"중앙정부만 외교를 하는 시대는 끝났다. 광주도, 나주도, 전주도 이제 국가의 이름으로 세계에 제안을 내는 도시가 된다."

서남권이 대한민국의 에너지와 기술, 식량과 문화를 수출하는 플랫폼이 될 때 진정한 의미의 지역균형발전과 지방 자립국가 모델이 실현된다.

CHAPTER 23

연결되는 도시, 가치가 오르는 도시

▶ 광주-전주-세종 초광역 메가벨트 전략

1. 서울이 아니면 중심이 될 수 없다는 편견

도시의 가치는 무조건 서울과의 거리로 결정되는가?
언뜻 그렇게 보이지만, **도시 가치의 본질은 '무엇과 연결되어 있느냐'**에 있다. 세종은 행정의 중심이고, 전주는 문화·정치의 중심이며, 광주는 기술과 산업, 에너지의 중심으로 떠오르고 있다.

✔ 이 세 도시는 하나의 남중권 초광역 메가벨트로 연결될 때, 서울과 수도권을 대체하거나 상응할 수 있는 확장된 중심도시 모델이 된다.

2. 메가벨트의 뼈대 : 광주-세종 고속축 구축

❑ **철도 연결 구상**
- KTX · SRT 노선 강화
  - 광주송정 → 정읍 → 전주 → 익산 → 오송(세종 경유)
  - 기존 노선의 고속화 + 정기 왕복 편 증편 필요
- GTX 남부 연장 타진
  - 수도권 GTX 노선을 세종–전주–광주까지 연결하는 장기 계획

✔ 이 고속축이 완성되면 광주–세종 1시간 30분대 이동, 광주–전주–익산은 30~50분대 이동권에 들어오게 된다.

3. 광주의 부동산은 연결만큼 오른다

서울 집값이 높은 이유는 단순한 수요 때문이 아니다. 그곳에는 행정, 금융, 기업, 교통, 교육이 연결되어 있기 때문이다. 광주는 지금까지는 '외곽'으로 취급되어 왔지만, 세종–전주와 연결될 경우, '확장된 중심도시'로 재해석될 수 있다.

❑ 가격 상승 3대 전략

전략	설명
고속 교통망 연결	광주-서울 2시간 진입 → 외부 유입 수요 증가
고급 직종 유치	AI·에너지 산업 클러스터 기반 고소득 일자리 확산
외부 수요 유도	세종·전주 거주자의 투자대체 도시로 광주를 포지셔닝

✔ "광주 집값은, 연결되는 만큼 오른다."
이제는 부동산도 교통망과 전략적 도시 이미지에 따라 조정되는 시대다.

4. 고급 인구를 유입시켜야 한다

단순히 집값이 오르는 것이 목표가 아니라, **도시에 장기적으로 정주할 수 있는 '고학력·고소득·정주 의지 높은 인재'**가 들어와야 한다.

❑ 인재 유입 정책
- 세종 공무원·연구원 대상 → 광주 장기 이주 전환형 임대주택 단지 공급
- 전주 문화예술 종사자, 청년창작자 → 광주 북구 중심 임대공공주택 리노베이션 제공
- 전주-광주 간 고속버스/셔틀철도 노선 강화 → 출퇴근 가능성 확보

✔ "도시가 사람을 부른다"는 명제를 실현하기 위해선, **생활권 연결+주거 안정+일자리 매칭**이 동시에 설계되어야 한다.

5. 광주의 핵심 권역별 주택 전략

권역	전략 방향
수완지구	교통 연결성 강화 → 코스트코·백화점 입점 연계로 정주 편의 증대
상무지구	세종·전주 고소득층 대상 전세·매매 수요 유입 유도
북구	더현대 김대중점+문화MICE복합공간 조성 → 청년문화거점화
평동·송정권	산업단지 종사자 대상+KTX 연계 광역교통 환승개발 추진

✔ 교통망+산업지대+상업시설+문화거점이 결합된 권역별 주거 전략은 광주를 수도권과 경쟁할 수 있는 생활·산업 복합도시로 만든다.

6. 예상되는 도시 변화

분야	변화
부동산	광주 아파트 평균가 상승+신규 분양 프리미엄 유입
인구	외부 고소득+고학력 인재 유입 → 지역소득·지식 수준 향상
상권	외부 유동인구 기반 상권 활성화, 북구~상무지구 상업권 확장
도시브랜드	"광주는 수도권의 대안"이라는 인식 전국 확산

✔ 광주는 더 이상 수도권이 아닌 지방의 핵심도시가 아니라, **'중심이 확장되는 도시'**, **'연결로 성장하는 도시'**가 된다.

7. 결론 : 서울이 아니어도 집값은 오른다

"서울만 집값 오르란 법 없다. 세종과 연결된 광주, 전주와 소통하는 광주는 더 이상 변방이 아니다. 새로운 중심도시로 진입한 것이다."

이 전략은 광주의 도시 가치, 주택 가치, 인재 가치를 한꺼번에 끌어올릴 수 있는 유일하고 현실적인 초광역 성장 전략이다.

CHAPTER 24

함께 배우고, 함께 사는 도시

▶ 광주-전주-세종 초광역 공동혁신교육지구 + 공공개발 연계 전략

1. 도시가 연결되면, 교육과 삶도 함께 연결된다

초광역 도시 전략은 도로와 철도만 잇는 일이 아니다. 진짜 도시는 사람이 사는 곳이고, 아이가 자라는 공간이며, 청년이 머무를 이유가 있는 삶터다.

광주-전주-세종이 초광역으로 묶이기 시작했다면 그 다음 단계는 단 하나다. '함께 배우고, 함께 사는 도시'를 만드는 것

이 장은 교통과 산업으로 연결된 도시들을 교육과 주거, 문화와 정주로 연결하는 정책 전략이다.

2. 초광역 공동혁신교육지구 : 세 도시, 하나의 교육권

❏ 정의

'공동혁신교육지구'란 광역권 여러 도시가 교육 프로그램, 강사, 콘텐츠, 캠퍼스, 예산을 공유하며 학생, 학부모, 교사가 경계를 넘는 학습 생태계를 구축하는 모델이다.

❏ 광주-전주-세종 모델

분야	구상 내용
공동강좌 운영	인문·AI·기후 등 미래형 과목 공동 개설
전주 미디어+광주 AI+세종 행정 협업 콘텐츠 강사 교류	혁신학교, 대안교육 강사 광역순환 교류
전주 → 광주 청소년 창의교육 캠프 캠퍼스 연계	전북대·전남대·국민대(세종) 공동 교양 교육/진로탐색
학생순환형 탐방 프로그램	각 도시 특화 교육기관 간 청소년 교류 학습 트랙

예 광주(과학문화체험) ↔ 전주(문화예술탐색) ↔ 세종(행정민주주의 모의법정)

✔ 이제 학생들은 행정구역이 아니라 학습권역 안에서 움직이는 주체가 된다.

3. 공공주택과 혁신교육지구의 연계

❑ 교육이 정착률을 결정한다
- 청년, 교사, 공공기관 직원들이 한 도시에서 일하고 다른 도시로 떠나는 가장 큰 이유는 **자녀 교육** 때문이다.
- 혁신교육지구와 연계된 가족 중심 공공임대 단지가 각 도시권에 조성된다면 이동하지 않아도, 이탈하지 않아도 되는 구조가 만들어진다.

❑ 연계 구상

도시	연계 주거 정책
광주	북구 MICE권역+수완지구에 청년·교사 복합주택단지 조성 공공기관 근무자 대상 특별공급
전주	서학동·효자동 인근 임대리노베이션 지구 → 문화예술인 정착 유도

- 학부모 커뮤니티센터 연계

|세종| 집현동~어진동 일대 청년창업+보육주택 복합지구 조성

4. 고등교육 및 직업훈련의 광역화

❑ 대학은 경쟁보다 협업해야 살아남는다

전북대·전남대·GIST·한전공대·국민대(세종) 등은 모두 훌륭한 대학이지만 서로 고립되어 경쟁만 한다면 **지역에 남는 인재는 없다.**

✔ 광역권 공동 교육과정, 연합 캠퍼스, 학점교류를 제도화해야 한다.

❑ 공동 직업훈련 플랫폼

분야	도시/기관	내용
AI · 데이터	광주 (GIST · AI센터)	청년 특화 실습형 캠퍼스 확대
문화콘텐츠	전주 (전북콘진원)	웹툰 · 영상 · 공연기획 교육+채용연계
행정 · 법률	세종 (세종캠퍼스)	공공기관 실습 인턴제+행정시뮬레이션 프로그램

5. 문화 · 복지 · 삶터가 순환되는 구조

이 메가벨트는 도시 단위 문화 분업과 복지 연계도 가능하다.

도시	특화 방향
광주	전시 · MICE 중심 문화수요 → 전남 · 전북 예술인 공동입점 유치 가족 중심 복지+보육 정책 연계
전주	전통문화 · 창작예술 중심 거점 → 순환형 예술인 레지던시 조성
세종	공공교육+행정 체험형 도시 → 청소년 정치교육+가족형 마을축제 운영

6. 기대 효과

분야	효과
교육	행정구역을 넘는 교육 생태계 → '이동하지 않아도 되는 학습권역'
정주	공공주택+교육결합형 정책 → 가족 단위 이탈 방지
인재	지역대학 경쟁력 향상+청년 고용율 증가
도시브랜드	"세 도시가 하나의 도시처럼 살아가는 공동권역" 인식 확산

7. 결론 : 도시는 함께 배울 때 진짜 연결된다

"지하철이 도시를 잇는다면, 학교는 삶을 잇는다."
"광주-전주-세종은 철도로만 연결되는 게 아니라, 교육과 공동체로 연결된다."

세 도시가 함께 배우고, 함께 키우고, 함께 살아가는 **진짜 의미의 광역공동체** 모델은 이제 시작될 수 있다.

CHAPTER
25

동과 서가 어깨를 나란히 할 때

▶ 여수·순천·광양·진주·사천을 잇는 동남권 메가시티 전략

1. 통합의 키워드는 선언이 아니라 연결이다

동남권은 그동안 '개별 도시'로 존재해왔다. 여수는 여수대로, 광양은 광양대로, 진주는 내륙 도시로, 사천은 항공도시로.
서로가 등을 지고 달리던 이 도시들이, 이제 처음으로 어깨를 나란히 하기 시작한다.

여수–광양–순천–진주–사천을 하나의 메가시티로 엮는 전략은 단순한 행정통합이 아니다. 산업, 교통, 항공, 교육, 정주, 물류까지 모든 것을 연결하는 도시융합 인프라 구상이다.

2. 1단계 : 여수 · 광양 · 순천의 산업-생활-교육 연결

❏ 도시 특성 요약

도 시	특 성
여수	여수국가산단 → 석유화학, 정유, 해양관광의 거점
광양	포스코, 항만, 제철소 → 대한민국 제조 · 철강 중심
순천	전남 행정 · 교육 중심지, 순천대, 생태도시 이미지 강점

❖ 통합 전략

- 광역 순환열차 또는 BRT 체계 구축
- 광양제철소-순천 창업단지-여수관광권 → 30분 통근권 생활도시권 조성
- 광양항-순천 내륙물류기지-여수 수출입거점으로 연결되는 산업물류 삼각축

✔ "생활은 순천에서, 일은 광양에서, 관광과 회의는 여수에서"
이 구조는 단순한 물리적 통합이 아니라, 기능의 연결로 이뤄진 도시 통합모델이다.

3. 2단계 : 광양-진주-사천의 첨단산업·항공·대학 연계

❏ 도시 기능 정리

도 시	전략 역할
광양	철강 · 제조벨트 서부 중심
진주	경상국립대, 국방과학연구소 등 혁신지식도시
사천	KAI 본사, 사천공항 → 항공우주산업 중심지

❏ 연결 구상
- 광양~진주 간 고속도로 정비 + 광역철도 예비타당성 확보 추진
- 사천~광양 간 공항 접근 전용도로 + 고속 셔틀 운영

❏ 예상 시너지
- 사천공항이 광양·여수 산업출장의 핵심 항공허브로 변환
- 광양·여수 인재들이 진주·사천의 항공기술분야로 이동·취업 확대

✔ "동쪽의 제조와 서쪽의 항공이 하나로 만나는 구간은 바로 이 축이다."

4. 핵심 교통 해법 : 사천공항 중심 항공접속구조

❏ 문제
- 여수에서 무안공항까지 2시간 이상 소요
- 수도권·해외 출장 수요자들이 극심한 불편

• 항공 바이어, 공공기관 VIP 출입 문제 지속

❑ 해법

전략	내용
사천공항 중심 항공허브화	여수·광양 1시간 이내 접근, 일본·중국 단거리 국제선 개설 가능
고속 셔틀열차 / 간선 BRT 구축	여수~사천 직결 대중교통망 조성, 기업 출장 최적화

✔ "사천공항은 이제 군사+비행기 조립 중심지가 아니라, 동남권 전체 산업을 공중으로 연결하는 공항 거점이 된다."

5. 통합의 기대효과

분야	효과
동서통합	전남과 경남을 관통하는 산업+교육+교통의 일체화
공업클러스터	여수 석유화학↔광양 철강↔사천 항공제조→삼각형 산업 클러스터 완성
인재 순환	순천대·경상대·항공고·폴리텍 등 기술인재 상호교류, 취업 연계
정주 균형	순천·진주의 저렴한 주거지+고소득 일자리→정착률 상승
공항 편의성	무안·인천 대체 공항으로 사천 기능 강화→출장·물류 비용 절감

6. 결론 : 하나의 도시가 아니라, 연결된 도시다

"산업은 여수에서 시작되고, 하늘은 사천에서 열리며, 통합은 광양에서 완성된다."

"여수와 진주, 광양과 사천은 서로를 등지지 않고 이제는 어깨를 나란히 한다. 동과 서가 철도와 항공으로 만날 때, 그것은 단지 연결이 아니라 하나의 도시가 된다."

✔ 동서화합은 선언이 아니라, 철도와 공항 위에 세워지는 실행 가능한 인프라 전략이다. 동남권 메가시티는 이제 지도에서가 아니라, 생활 속에서 작동하기 시작한다.

✣ 요약 명제
- 공장은 여수에, 하늘길은 사천에, 산업은 광양에, 삶은 순천에 있다.
- 서와 동이 교차하는 곳에 진짜 도시가 생겨난다.
- 동남권 메가시티는 국가 균형발전의 마지막 퍼즐이자, 가장 강력한 산업도시 연합이다.

CHAPTER

26

이제는
남부 전체가 하나의 도시다

▶ 서남·중부·동남 메가벨트를 연결하는 초광역 순환국가 전략

1. 서울 중심 국가의 끝, 다핵 순환국가의 시작

대한민국은 70년간 서울 하나에 모든 것을 쏟아부어 왔다. 그러나 지금, 지방은 단순한 '보완재'가 아니라 새로운 중심을 이룰 수 있는 도시망을 자력으로 구축 중이다.

광주–전주–세종–사천–여수–나주, 이 도시들은 이미 산업, 교통, 에너지, 교육, 문화, 행정까지 스스로 연결되기 시작했다.

이제 남부 전체를 하나의 거대한 순환 도시국가로 설계할 차례다.

2. 순환축 개요 : 메가벨트의 삼각형 구조

벨트	주요 도시	전략 키워드
서남권	광주-나주-보성-해남	AI, 데이터센터, 재생에너지
중부권	전주-익산-세종	교육, 행정, 고속교통, 정주 플랫폼
동남권	여수-광양-진주-사천	항공제조, 철강, 석유화학, 항만물류

✔ 이 세 축은 단절된 개발이 아니라 기능별로 분화되며, 철도·고속도로·공항·주거·인재를 통합하는 환형 구조를 이룬다.

3. 핵심 연결 고리 : 도시 간 동맥 교통망

구 간	수 단	목 적
광주-전주-세종	KTX 고속철도, 향후 GTX 연장	정치·교육·행정의 상호보완
광주-나주-해남-보성	순환형 BRT+철도+전력망	AI와 에너지의 산업통합
여수-광양-사천-진주	항공접속+산업단지 철도화	동남권 산업벨트 구축

✔ 여수와 해남은 남해권을 포괄하며, 세종은 수도권을 수용한다. 결국 서울을 거치지 않고도 전국 순환이 가능한 도시망이 된다.

4. 산업기능 순환 구조

기 능	서남권	중부권	동남권
데이터	광주 평동	–	–
에너지	해남, 보성	–	–
교육	–	전주·세종	진주(경상대)
공업	–	–	여수(정유)·광양(제철)·사천(KAI)
물류	나주–보성	익산–오송	광양항–사천공항
행정	–	세종	–

✔ 어느 한 도시가 모든 것을 책임지는 시대는 끝났다.
기능의 분업과 연결만이 국가의 안정성과 효율성을 높인다.

5. 주거-정주-교육의 통합 생태계

- 광주 : 고급 주거지+AI산업 종사자 정착지
- 전주 : 교육특화 도심+문화 거점
- 세종 : 공무원·가족·청년 정책복합지
- 순천·진주 : 저렴한 주거+교육·창업 연계
- 여수–보성–나주 : 산업단지 근로자 및 대학기반 정착 구조

✔ 서울은 떠나는 도시가 되고, 이 남부순환 도시망은 머무는 도시, 돌아오는 도시, 살아내는 도시가 된다.

6. 외교·무역·글로벌 협력까지 연결

- 사천공항 ↔ 동남아·중국 단거리 국제선
- 광양항 ↔ 여수산단과 직접 연계된 수출 포인트
- 세종–전주 ↔ G2G 교육·행정협력의 모델도시화
- 광주 AI ↔ 베트남·말레이·중동 행정AI 수출 시범지구 가능

✔ 내부 통합이 되면, 외부 확장은 자동으로 따라온다. 광역벨트는 결국 국가의 신경망이자, 대외정책의 거점이다.

7. 결론 : 대한민국은 순환국가가 되어야 한다

"도시는 기능으로 연결되고, 국가는 그 흐름을 따라 확장된다."
"이제 서울이 대한민국을 대표하지 않는다. 서남에서 시작되고, 중부에서 조율되며, 동남에서 확장되는 도시 순환 네트워크가 대한민국의 미래가 된다."

✔ 제26장은 지방이 연결되는 순간, 서울을 대체하는 국가 플랫폼이 탄생한다는 것을 증명한다. 이제는 더 이상 '지방 발전'이 아니라, '지방 중심 국가 구조'의 실현이다.

CHAPTER 27

새만금이 날고, 석문이 받친다

▶ 서해안 산업 대동맥 : 새만금-당진 초광역 철도·항만 연계 전략

1. 서해안 산업권, 이제는 연결되어야 한다

동해안은 항만도 적고 산도 많다. 남해안은 바다는 좋지만 평지와 수출산단은 분산돼 있다.

그러나 서해안은 다르다.
대한민국 최고의 평야지대, 가장 넓은 간척지, 대형 공업단지, 그리고 인접한 두 대형 항만.

새만금과 석문, 이 두 곳이 연결되면 대한민국 산업의 동맥이 바다를 따라 흐르게 된다.

2. 전략 축 개요

항목	내용
핵심 축	새만금 신항↔군산↔서천↔대산↔당진 석문국가산단
기능	항만-항만 연계, 철도 기반 산업물류권 형성
키워드	RE100, 철강-수소 융합, 배터리-조선-석유화학 간 산업 연결
목표	서해안 국가전략산업 순환망 완성+탄소중립 수출 허브 구축

3. 서해안 산업벨트의 양대 핵심

❏ 새만금권
- 기능 : 수출항+RE100 배터리 산업 특화
- 인프라 : 새만금신항, 내부 산업단지, 태양광 단지, 수소 클러스터
- 정책 지원 : 대통령 공약 반영, 새만금개발청·전북도 집중 투자

❏ 석문권(당진)
- 기능 : 제조·발전 집적지+동북아 연료수급 전진기지
- 기업체 : 현대제철, GS EPS, 수소해상풍력 연계 기업 다수
- 인프라 : 당진항(석문항), 석문국가산단, 해상풍력단지, 대산석유화학단지 인접

✔ 이 두 거점은 성격이 다르다. 새만금이 미래를 지향하는 수출단지라면, 석문은 현재를 지탱하는 제조·에너지 허브다.
→ 연결되면, 시간이 연결되고, 전략이 합쳐진다.

4. 인프라 연결 핵심 : 항만 + 철도 이중망 구축

❑ 철도망 연결안

구 간	계 획
새만금–군산	기존 내륙철도 기반 확장
군산–서천–보령	서해선 연계 또는 신규 산업선 신설 타진
보령–대산–석문산단	현재 건설 중인 석문 인입철도(대산~석문)에 연결

✔ 결과적으로 : 새만금–석문 2시간 이내 산업철도 물류벨트 완성

❑ 항만 연계
- 새만금항 ↔ 당진항(석문항) : 해상물류 이중 항로 운영
- 상호 보완 구조 :
  - 새만금 : 수출 중심, 대형선박 접안
  - 석문항 : 수입·내수 중심, 원료 도입·공업지대 중심

✔ 두 항만은 경쟁이 아니라 협업한다.
  → 한 축은 가공, 한 축은 출하하는 구조

5. 산업 시너지 구조

구 분	새만금권	석문권
항만 기능	대형 수출항, 환황해 진출기지	중간재 수입+내수유통항
산업군	RE100, 수소, 배터리, 태양광	철강, 석유화학, 발전, 수소
물류	철도+항만 연계 스마트가공단지	ESS · 연료 중심 중간공급기지

✔ 이 구조는 에너지 → 부품 → 완제품 → 수출이라는 산업의 시간 순서를 지역 간 지리 구조로 재배열한 전략이다.

6. 탄소중립 수출망의 기반

- 새만금은 RE100 완제품의 생산지
- 석문은 수소에너지의 공공발전기지
- 이 둘을 연결하면
  → 탄소중립 연료+RE100 제품을 전 세계에 수출할 수 있는 국내 유일의 해양벨트 완성

✔ 그린수소 생산–연료화–산업가공–배터리제품–수출까지 대한민국의 탄소중립 로지스틱스 회랑 완성

7. 결론 : 새만금이 날고, 석문이 받친다

"산업은 두 도시에서 완성되고, 국가의 전략은 철로와 바다를 따라 움직인다."

"이제는 동해가 아니라 서해가 대한민국의 대동맥이다. 새만금은 새를 띄우고, 석문은 그것을 받쳐준다."

✔ 제27장은 단일 도시개발이 아니라, 두 도시의 상호보완성과 기능적 통합을 전제로 한 최초의 해양 산업전략이다.

이 전략이 작동하면, 충청과 전북이 함께 도약하는 국가 서해 중심축이 탄생한다.

CHAPTER

28

서해는 흐른다, 그리고 도시를 만든다

▶ 군산-서천-보령을 연결하는 서해순환 경제권 전략

1. 서해의 산업은 선형이 아닌 순환이다

동해는 터미널이다.
남해는 항만이다.
그러나 서해는 순환한다.

서해안의 도시들은 항만, 산업, 에너지, 관광, 주거가 순환적으로 얽혀 있고, 이 순환을 따라 물류, 인구, 투자, 에너지가 함께 움직인다.

군산–서천–보령, 이 세 도시가 연결되면, 새만금–석문을 잇는 대동맥에 모세혈관과 모세도시들이 결합하는 완성형 서해 벨트가 된다.

2. 지역별 기능 요약

도 시	핵심 기능
군산	군산항, 조선·해양플랜트 산업, 새만금 관문
서천	철새·생태관광+인접 내포신도시 연계 중간도시
보령	LNG발전소, 화력발전소 → 에너지 산업 허브

✔ 이들은 단독으로는 작지만, 서해 대전략의 매듭점이다.
이곳들을 묶으면 에너지·항만·생산·관광이 연속되는 도시순환권이 완성된다.

3. 교통 연결 전략 : 순환형 산업철도+도심 연결망

❏ 철도축 : 서해권 산업철도 완성
- 군산-서천-보령 구간을 산업물류 철도로 연결
- 서천역(장항선) ↔ 보령역(서해선) ↔ 대산-석문간 인입철도와 결합
- 새만금 ↔ 보령 간 철도물류 연계 완성

❏ 관광·인구 교류축
- 군산-서천-보령 간 BRT+관광셔틀 노선 개설
- 서천군청-보령해양단지-내포신도시를 연계한 고속도로 간선망 재편

산업은 철도로, 사람은 BRT로, 관광은 셔틀로세 층위의 순환이 동시에 움직이는 다차원 도시벨트가 작동하게 된다.

4. 산업 · 에너지 · 관광의 복합 순환 구조

축	기능 통합 구조
산업	새만금(제조) → 군산(가공) → 석문(중간재) → 수출(항만)
에너지	보령(LNG · 발전) → 서천(저장 · 조정) → 대산(석유화학 · 수소)
관광	군산 근대도시 + 서천 생태 + 보령 해양 → 통합 관광벨트 구성

✔ 이 전략은 "하나의 거대 도시"를 만드는 것이 아니라, 기능이 다르고 풍경이 다른 도시들을 하나의 생태계로 순환시키는 것이다.

5. 전략적 정책 과제

과제	설명
국가계획 반영	국토부 「제6차 국가철도망계획」에 서해 순환산업선 명시
항만 배분 재구성	군산항은 새만금 출구, 보령항은 내수유통 기지로 기능 분담
에너지 연계화	보령-대산-석문 간 **탄소중립발전 네트워크 구축** 및 보령 LNG 다기능화
생태도시 연계	서천-군산-부안을 연결한 생태관광 거점화(철새 · 습지 · 수산 연계)

6. 기대 효과

분야	효과
산업	서해 제조·가공·물류·수출의 완결 회로 구축
에너지	탄소중립 연계 에너지망 구축 → 전력조정과 유통 가능
관광	세 도시 특성에 맞는 관광객 분산 유치 → 장기 체류형 활성화
교통	철도+BRT+고속도로의 3중 순환망으로 완전한 생활권 형성
균형발전	충남·전북 간 연계 강화 → 경계 해체형 초광역 플랫폼 등장

7. 결론 : "서해가 흐르면, 도시는 살아난다"

"군산은 항만을 지키고, 서천은 생태를 품고, 보령은 에너지를 만든다. 이 세 도시가 이어지면, 서해는 산업과 삶이 흐르는 동맥이 된다."

이제 도시 하나만 커지는 전략은 한계다.
기능이 다른 도시들이 서로의 흐름 속에 순환할 때, 그곳은 더 이상 변방이 아니라 대한민국 산업 생태계의 본류가 된다.

✣ 요약 명제
- 군산은 물류의 입구, 서천은 삶의 완충지, 보령은 전력의 중심이다.
- 이 세 도시가 철도와 바다 위에서 순환할 때, 도시들은 서로를 살린다.
- 서해는 단순한 해안선이 아니라, 국가 산업의 파이프라인이다.

CHAPTER 29

지방도 헌법을 가질 권리가 있다

▶충남·전북 초광역 경제자치권 선언과 헌법 개정 전략

1. 더 이상 '지방행정'으로는 해결되지 않는다

도시들이 연결되고 산업이 융합되고 철도가 깔리고 사람이 이동한다. 그런데 행정구역은 그대로다.

새만금은 전북이고, 석문은 충남이고, 군산은 시 단위고, 보령은 도 단위다. → 기능은 하나인데, 행정은 나뉘어 있고 예산은 따로다.

이제는 선언해야 한다.
"우리는 기능으로 연결된 경제공동체이며, 법적으로도 그렇게 대우받아야 한다."고.

2. 충남 · 전북 초광역 경제자치권 선언

❏ 명칭 제안

　서해 초광역 경제자치연합(서초경자)

❏ 참여 지자체
- 전북 : 군산, 김제, 부안, 익산, 정읍, 고창
- 충남 : 서천, 보령, 홍성, 당진, 태안, 예산

❏ 공동 권한 요구 항목

항 목	권한 내용
도시계획	국가산단 · 산업클러스터 · 항만구역계획 공동 결정권
교통망	철도망 · 버스망 · 공항 접근체계 광역권 내 일괄 기획권
교육 · 인재	초광역 계약학과, 전문대학 특화 캠퍼스 신설권
세제 · 예산	공동기금 운용＋국비 직접 배정 협상 창구
외교협력	해외 투자유치 · 자매도시 교류 권한(광역 연합 단위)

✔ 지금은 시장이 시장을 상대하고, 도가 도를 상대한다.
　이제는 광역벨트가 하나의 주체로 대응해야 한다.

3. 헌법 개정 방향 : "초광역 자치단체"의 헌법 지위 명시

현행 헌법은

- "지방자치단체는 시·도·시·군·구로 한다"(헌법 제117조)
- "자치입법권과 재정권을 법률에 따라 보장한다"
  → 초광역 단위에 대한 규정이 전무하다.

❏ **개정 방향**

항 목	개정 제안문
헌법 제117조 ①	"지방자치단체는 시·도 및 이에 준하는 초광역경제권 연합으로 구성할 수 있다."
부칙 조항	"초광역경제권 연합은 특별법으로 구성하고, 국가 예산과 기획에 직접 참여할 수 있다."

✔ 광역철도·산단·전력망은 전국적 사안이다.
   → 그만큼 국가의 행정·입법·재정 구조에서 정식 주체로 참여시켜야 한다.

4. 법률 제정 :「서해 초광역경제권 특별법」

❏ 주요 내용

조 항	핵심 내용
제1조(목적)	충남·전북 연계 산업·에너지·교통기반 초광역 공동권역 지정
제3조(기획권)	국토부·산업부와 대등한 경제권 기획권 보유
제5조(재정)	국비 직접 배정 방식 예외 허용+광역기금 운용
제7조(공동기관)	서해권 개발공사, 에너지청, 배터리인재원 공동 설립 가능
제10조(의결권)	광역의회 내 초광역위원회 신설 → 공동의결 가능

5. 실현 로드맵 제안

연 도	전략 목표
2025	지자체 공동 선언+국회 의원 공동발의(광역선언문 채택)
2026	「서해 초광역경제권 특별법」 제정 → 법률적 틀 확보
2027	제22대 총선 공약 반영+헌법 개정 시안 공개
2028	광역공사 출범, 공동교통망·산단·교육사업 시행
2030	헌법 개정 추진(초광역 자치권 명시) → 제도적 영속화

6. 정치·행정적 의미

- **"지방도 국가의 주체다"**라는 말을 선언이 아니라 법으로 만들 수 있다.
- **"충남도 예산, 전북도 예산"**이 아니라
  → **"서해벨트 예산"**이라는 공동기획 체계 도입 가능
- 지방분권이 아니라, **지방연합국가로의 이행 가능성**을 헌법으로 제시

7. 결론 : 연결된 도시, 연결된 권리

"지방은 발전만 할 권리가 있는 것이 아니다. 계획하고, 협상하고, 선택하고, 결정할 권리가 있다."

지금까지는 서로 잘 연결되기만 하면 발전한다고 믿었다.
그러나 연결은 흐름만 만들지, 권한은 안 준다.

이제는 흐름만이 아니라, 권리도 달라고 말할 때다.

❖ 요약 명제
- 도시가 연결되면, 헌법도 따라와야 한다.
- 충남과 전북은 기능상 이미 하나다. 법만 아직 아니다.
- 초광역경제권은 대한민국 제2의 지자치체 모델이 되어야 한다.

CHAPTER 30

서울 너머의 나라

▶다핵순환국가 대한민국을 향한 선언

1. 대한민국은 더 이상 '서울 공화국'이 아니다

광주가 AI를 품고, 나주가 에너지를 모으고, 세종이 정치를 이끌고, 사천이 하늘을 열고, 새만금이 수출을 내보내고, 석문이 산업을 뒷받침하며, 전주와 순천이 교육과 삶의 문화를 지탱한다.

이제 우리는 안다.
국가의 모든 기능이 서울이 아니어도 가능하다는 것을.

2. 새로운 국가 구조 : 다핵 순환형 도시국가

요소	설명
정치 중심	세종 : 국회 · 행정 · 법률 수도
산업 중심	광양사천~석문 : 제조 · 항공 · 철강 · 석유화학
에너지 중심	해남나주~보령 : 재생에너지 · 전력 집적
문화 중심	전주북구 : 예술 · 교육 · 시민 커먼즈
수출 관문	새만금 · 당진 · 광양항 : 항만+철도 복합망
교통 중심	오송송정익산 : 전국 1시간 내 초광역망

✔ 대한민국은 이제 하나의 도시가 아니다. 기능별로 연결된 하나의 유기적 도시권 국가다.

3. 정책은 공간에서 실현된다

대한민국의 정책 실패는 대부분 공간을 고려하지 않았기 때문이다.

- 교육은 서울만 염두
- 철도는 서울을 중심으로 방사형
- 에너지는 생산지와 소비지가 분리
- 인재는 수도권으로만 향함

우리는 이제 **"공간을 먼저 설계하고, 정책을 거기에 태우는 방식"**으로 전환해야 한다.

→ 즉, '사람과 정책이 따라가는 도시 전략'이 아니라 '도시를 먼저 전략화하고 그 위에 사람과 정책을 얹는 방식'

4. 국민에게 제안한다 : 도시 전략 헌장

『지방은 중심이다』 선언문 (요약형)
1. 대한민국의 발전은 더 이상 수도권 중심으로만 이뤄질 수 없다.
2. 우리는 기능 중심의 다핵 도시국가를 지향한다.
3. 광역경제권은 하나의 도시로 설계되어야 하며, 헌법상 자치 권리를 요구한다.
4. 지방은 정주·에너지·산업·문화·행정의 완결 구조를 갖출 수 있다.
5. 우리는 다음 세대를 위해 수도권 이외의 삶이 더 나은 선택이 되도록 설계해야 한다.

5. 앞으로의 길

과 제	내 용
헌법화	초광역경제권 자치권 명시
교통 완성	서해 순환 철도 + 남부권 고속축
산업 리디자인	에너지-데이터-AI-항공 순환산업 구조 완비
정주 생태계	고급인재 유치, 공공주택, 교육특구 지정
문화브랜딩	도시별 캐릭터 개발 : 전주는 예술, 광주는 기술, 나주는 에너지 등

6. 결론 : 수도는 장소가 아니라 구조다

"수도는 어디냐고 묻는다면, 나는 이렇게 말할 것이다. 그건 기능에 따라 나뉘며, 연결에 따라 움직이고, 사람들이 떠나지 않는 곳에 진짜 중심이 있다고."

서울은 점이었고, 우리는 원이었다.
서울은 중심이었고, 우리는 흐름이었다.
이제 대한민국은 그 원 위에 선다.

❖ **요약 명제**
- 지방은 더 이상 구역이 아니라 전략이다.
- 도시는 연결될 때 국가가 되고, 분권될 때 미래가 된다.
- 대한민국은 이제 다핵순환국가로 나아간다.

참고문헌

『레볼루션 코리아』(구윤철)에서 공공정책 설계의 구조적 틀을, 『우리는 어디서 살아야 하는가』『한국 도시의 미래』(김시덕)에서 도시의 역사성과 생태적 시선을 참고하여, 이 책은 실천 가능한 도시정책과 헌법 개정 전략까지 포괄하였다.